차별의 역사 속에서 발전한

법과 인권
이야기

차별의 역사 속에서 발전한
법과 인권
이야기

지은이 · 임지봉 | 일러스트 · 신동민 | 펴낸이 · 김현태 | 펴낸곳 · 책세상 | 초판 1쇄 펴낸날 2014년 10월 30일 | 초판 4쇄 펴낸날 2022년 4월 10일 | 주소 · 서울시 마포구 잔다리로 62-1, 3층(04031) | 전화 · 02-704-1251 | 팩스 · 02-719-1258 | 이메일 · editor@ chaeksesang.com | 광고 · 제휴 문의 creator@chaeksesang.com | 홈페이지 · chaeksesang.com | 페이스북 · /chaeksesang | 트위터 · @chaeksesang | 인스타그램 · @chaeksesang.com | 네이버포스트 · bkworldpub

차별의 역사 속에서 발전한

법과 인권
이야기

임지봉 지음 · 신동민 그림

책세상

법은 진정 강자의 이익인가

내가 대학교 신입생이었을 때의 일이다. 재수 끝에 법대생이 되어 한창 어깨에 힘이 들어가 있었다. 당시 내가 다니던 대학교는 교양을 갖춘 법조인을 양성하기 위해 1학년 학생들은 법학 전공과목 대신 비법학 교양과목을 듣게 하고 있었다. 평소 서양 역사에 호기심이 많았던 나는 교양과목의 하나로 서양사 개론을 수강했다.

검은 뿔테 안경을 쓴 젊은 교수님은 강의 내내 진지하고 비판적이었다. 특히 서양사에서 법의 역할이 소수자와 약자의 인권을 보호하기보다는 강자의 이익을 정당화하고 관철하는 도구였다는 그분의 말씀은 매우 충격적이었다. 교수님은 중간고사에 '법은 진정 강자의 이익인가'라는 논술형 문제를 출제하기도 했다. '법이 강자의 이익 관철 도구'였다고 굳게 믿고 있는 것 같았다.

당시는 대입 학력고사를 먼저 치르고 그 성적으로 대학과 학과를 지원하는 '선시험 후지원'의 입시 제도가 시행되고 있었다. 학력고사 인문계 전국 수석을 차지한 학생이 언론 인터뷰에서 "법학과에 지원해 약자를 보호하고 사회 정의를 세우는 법조인이 되고 싶습니다"라고 장래 포부를 밝히는 것이 모범 답안처럼 여겨지던 시절이다. 그래서 많은 법학과 지원자들이 그 뜻도 깊이 생각해보지 않고 '약자 보호와 사회 정의 실현'을 법대 지원 동기로 이야기하곤 했다. 그렇게 거창한 사명감을 안고 갓 입학한 젊은이들에게 그 교수님은 법은 강자의 이익 관철 도구이며 약자의 인권 보호와 정반대되는 것이라 말한 것이다.

'나는 앞으로 법을 배우고, 법을 통해 생계를 유지해나가야 하는데……그럼 내가 강자의 뒤치다꺼리나 해주는 법률가가 되려고 법대에 들어온 거란 말인가?' 거부감이 먼저 들었다. 교수님이 법학을 공부하지 않아 법에 대해 잘 모르는 거라 생각하며 대수롭지 않은 일로 치부하고 넘어가려 했다. 그러나 '법은 강자의 이익인가' 하는 문제는 그 후 줄곧 내 인생을 지배하는 화두가 되었다. 즉 '법이 강자의 이익 관철 도구가 되어서는 안 되고 약자의 인권 보호 수단이 되어야 한다'는 생각이, 법과대학을 다니고 대학원 법학과를 나와 미국 로스쿨에서 법을 공부하고 대학 강단에서 법을 가르치는 내내, 지금까지도 내 머릿속을 장악하고 있다. 그분의 가르침이 역설적으로 나에게 법을 대하고 공부하는 자세가 어때야 하는지를 일깨워준 것이다. 참 고마운 분이다.

법 중에서도 나는 헌법을 공부했다. 많은 법 분야 가운데 헌법을 전공으로 선택한 가장 큰 이유는 헌법이 특히 '강자에게 강하고 약자에게 약한 법'이기 때문이었다. 헌법은 대통령이나 국회의원 같은 권력자들이 주권자인 국민에게 위임받은 신성한 권력을 국민을 위해 정당하게 행사하도록 제어한다. 또한 사회적 약자와 소수자들의 인권을 보장하고 그들의 권익을 보호할 수 있도록 만전을 기하는 것이 바로 헌법이다. 오십 해 가까이 살아오면서 나는 윗사람에게는 한없는 아첨을, 아랫사람에게는 온갖 무시와 경멸을 일삼는 무리들을 가장 혐오했다. '강자에게 약하고 약자에게 강한' 족속들 말이다. 헌법은 권력자와 같은 강자에게 강하고 가난한 자, 없는 자에게 한없이 약한 법이다. 정말 멋있는 법이 아닌가?

또한 헌법은 따뜻한 엄마 품 같은 법이다. 가지지 못한 자, 배우지 못한 자, 그래서 온갖 사회적 차별과 푸대접을 받아 가슴 한편에 인생의 '한(恨)'을 품은 이들이 몸과 마음을 기댈 수 있는 존재이기 때문이다. 헌법을 보면 모든 국민이 '인간다운 생활을 할 권리'를 가진다는 규정이 있다. 대한민국의 모든 구성원들이 최소한의 기본적 수요를 충족하면서 건강하고 문화적인 생활을 할 권리를 가진다고 선언하고 있는 것이다. 만약 그렇게 생활하지 못한다면 헌법이 보장하는 국민의 권리가 침해받고 있는 것이다. 헌법은 장애인, 여성, 청소년, 노인 등 사회적 약자와 소수자들을 위해 많은 조항을 할애하고 있다. 헌법은 '약자를 위한 법'이다. 강자들이 자신의 기득권 옹호를 위해 가볍게 들먹거릴 수 있는 법이 아니다. 헌법은 현실의 모든 이야기를 다 담아낼 수 있는 큰 자루 같은 법이다.

과거 우리의 헌법은 고시생들이 읽는 헌법 교과서에나 존재하는 법이었다. 현실에서는 별로 효력을 발휘하지 못하는 빈 껍데기였다. 그냥 좋은 말만 써놓은 도덕 교과서 같은 것이 헌법이었다. 게다가 연달아 집권한 군사 정권이 국민의 인권을 '국가 안보'(사실은 '정권 안보')라는 미명하에 무참히 짓밟으면서 국민들은 헌법에 실망하다 못해 아예 체념하고 말았다. 그러나 1988년에 이 땅에 헌법재판소가 세워지고 많은 헌법재판이 이루어지면서 달라졌다. 헌법이 재판에서 원용 가능한 하나의 살아 있는 규범으로 깨어나기 시작했고, 우리 생활의 구석구석에 영향을 미칠 수 있는 법이라는 인식이 국민들 사이에서도 퍼지게 되었다. 국

민이 국가 공권력의 행사나 불행사로 기본권을 침해받았을 때 제기할 수 있는 헌법소원 심판의 사건 접수 건수가 엄청나게 많다는 것이 이를 증명한다. 헌법은 더 이상 교과서에서 잠자는 규범이 아니다. 우리 주위에서 벌어지는 생생한 현실의 이야기들은 모두 헌법을 적용하여 분석하고 해석할 수 있다.

한 나라의 기본법이자 최고 법인 헌법은 다른 법률들의 효력 근거이자 타당성의 근거다. 헌법 이외 민법, 형법, 상법, 행정법, 각종 소송법, 지적 재산권법, 환경법 등 수많은 다른 법률들은 헌법의 특정 조항이나 헌법상의 기본 원리, 기본 질서, 헌법 정신에 근거해 이를 구체화한 규범들로서, 헌법의 하위 법률이라 할 수 있다. 하위 법률이 헌법에 위배되면 효력 근거를 상실하고 타당성의 근거를 상실해 법원의 위헌 심사를 통해 위헌 무효 선언을 받는다.

헌법뿐만 아니라 그 아래의 모든 하위 법률도 우리 생활의 여러 국면을 담는, 결국 국민의 인권을 보장하는 것이어야 한다. '국가 안보'나 '사회 질서 유지'도 중요하다. 그러나 이러한 것들은 더 많은 국민의 인권을 보장하기 위한 수단에 불과하다. '인권 보장'은 수단이 아니라 목표다. 국민의 인권을 보장하고 그것을 통해 국민의 행복을 극대화하는 것이 국가의, 헌법의, 또 모든 하위 법률의 목표다. 인권과 법은 떼려야 뗄 수가 없다. 인권 보장을 위해 법이 존재하며, 법은 공동체 구성원의 인권 보장을 극대화해야 하기 때문이다.

이 책이 법과 인권의 모든 쟁점을 총망라하는 상세한 교과서는

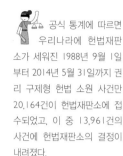
공식 통계에 따르면 우리나라에 헌법재판소가 세워진 1988년 9월 1일부터 2014년 5월 31일까지 권리 구제형 헌법 소원 사건만 20,164건이 헌법재판소에 접수되었고, 이 중 13,961건의 사건에 헌법재판소의 결정이 내려졌다.

아니다. 다만 여러분에게 꼭 들려주고 싶은 법과 인권에 관련된 몇몇 중요한 쟁점들을 사례를 중심으로 대화하듯 살펴보려 한다. 우선 인권이란 무엇이며, 이러한 인권을 잘 보장하기 위해 헌법이나 법이 어떻게 형성되고 운영되어왔는지 알아볼 것이다. 특히 주요 인권 가운데 하나인 평등권과 관련해 헌법과 법률은 어떤 역할을 했는지, 더 나아가 고전적 인권에서 현대적 인권으로 이어지는 전체 인권의 역사에서 법은 어떤 기능을 수행해왔는지도 살펴볼 것이다. 그리고 약자와 소수자란 누구를 말하며 이들 집단의 인권이 왜 중요한지도 생각해보았다. 그럼 지금부터 '법과 인권', '인권과 법'에 관한 이야기를 시작해보자.

인권이란 무엇인가　　제1장

　'인권'이라는 말을 우리는 참 많이 듣고 많이 쓴다. 그런데 말의
의미를 명확히 파악하지 못하고 아무 데나 갖다 붙이는 경우도 많
다. 몇 년 전 인권이라는 말이 참 엉뚱하게 남용되기도 하는구나
생각하게 한 텔레비전 보도가 있었다. 장애인들의
원활한 지하철 이용을 돕는 휠체어 리프트 등이
제대로 갖추어지지 않은 지하철 역에서 한 무리
의 장애인들이 서울지하철공사에 '장애인 이동
권'을 보장하라고 요구하며 선로에 드러누워 시
위를 했다. 당시 텔레비전 뉴스는 '장애인 이동권'
을 주장하는 장애인들보다 시위로 지하철 운행이
일시 중단되어 불편을 겪는 비장애인 지하철 이
용객들의 인터뷰를 더 많이 내보냈다. 그중 한 여
중생의 목소리가 아직까지 내 귀에 생생하다.

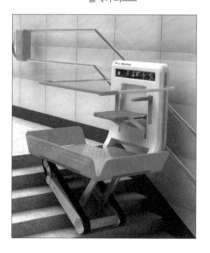

장애인 등 보행이 어려운 이들
을 위해 지하철 계단에 설치된
휠체어 리프트

"장애인들만 인권이 있습니까? 인권 인권 하는데, 이런 시위로 지하철 이용객의 인권이 침해되어도 됩니까?"

　장애인의 이동권이라는 인권이 있는 것은 알겠는데, 비장애인 지하철 승객의 어떤 인권이 어떻게 침해되었다는 것일까? 나는 선뜻 이해가 되지 않았다.

1. 천부인권

　본래 '인권(人權)'이란 글자 그대로 '인간으로서 누리는 권리'를 뜻한다. 즉, 인간으로 태어난 이상 당연히 주어지는 권리이다. 그런 의미에서 동물 애호가들이 주장하는 '동물들이 무참히 도륙되지 않을 권리'나 도살당하는 가축의 고통을 막기 위해 마취하지 않고 가축을 도살하는 것을 금지한 스위스 헌법 제26조 제2항의 규정과 같은 동물의 권리는 인권이 될 수 없다.

　그렇다면 '인권'이라는 말 앞에 붙은 '천부(天賦)'의 의미는 뭘까? 이것은 글자 그대로 '하늘이 부여한' 권리라는 뜻이다. 즉, 인간은 스스로 선택하여 태어날 수 없기에 인권은 하늘이 내린 '천부적' 권리라는 뜻이다. 이 '천부적'이라는 말은 종종 '생래적(生來的)'이라는 말로 대체되기도 한다. '생래적' 권리란 '태어나면서부터 가지고 있는' 권리라는 뜻이다. 인권은 인간으로 태어났다는 점 때문에 누리게 되는 인간의 권리이므로 '천부적' 혹은 '생래

적' 권리가 되는 것이다.

　인권이 천부적이고 생래적인 권리임은 인권에 관한 세계 최초의 공식 문서 가운데 하나인 프랑스의 '인간과 시민의 권리 선언'(1789)에 잘 나타나 있다. 이 선언은 권리에 대해 언급하면서 "인간이 가진 빼앗길 수 없는 신성한 권리"라고 표현했다. 1776년에 제정된 미국 버지니아 주의 '버지니아 권리장전Virginia Bill of Rights'에도 인권의 천부적 성격이 잘 표현되어 있다. 한 예로 버지니아 권리장전 제1조는 "모든 사람은 태어날 때부터 자유롭고 독립적이며, 일정한 권리를 가진다"고 하면서 "그러한 권리란 재산을 취득·소유하고 행복과 안녕을 추구·획득하는 수단을 비롯

 프랑스에서 절대 왕정이 점점 약해지던 18세기 후반에 루소나 몽테스키외 같은 당대의 저명한 사상가들이 인권사상을 설파함으로써 시민혁명이 일어났고 그 시민혁명의 결과가 반영되어 나타난 것이 '인간과 시민의 권리 선언'이다.

 미국은 50개 주(州)로 이루어진 연방 국가다. 미국의 주들은 주마다 주헌법을 가지고 있다. 헌법의 여러 규정들 중 기본권에 관한 규정들을 따로 '권리장전'이라고 부르기도 한다. 따라서 '버지니아 권리장전'이란 버지니아 주 주 헌법의 규정들 중 기본권에 관한 규정들만 따로 부르는 말이다.

하여 생명과 자유를 향유하는 권리이다"라고 규정하고 있다.

2. 자연권

　인권은 자연권이기도 하다. 자연권이란 국가가 세워지기 전에 헌법이나 법률이 아직 만들어지지 않은 자연 상태에서 이미 권리로 인정된 것을 말한다. 즉, 국가가 권리로 인정하거나 헌법이나 법률에서 권리로 규정해 권리가 된 것이 아니라, 국가 이전 무규범의 자연 상태에서 인간이 당연히 누리는 권리를 자연권이라 하는 것이다. 여기서 천부인권성과 자연권성은 자연스럽게 연결된다.

우리 헌법도 인권을 자연권으로 보고 있다. 헌법에서 인권에 관한 규정들은 '제2장 국민의 권리와 의무'에 모여 있다. 이 제2장의 첫 조항이 바로 헌법 제10조다. 헌법 제10조는 "모든 국민은 인간으로서의 존엄과 가치를 가지며 행복을 추구할 권리를 가진다"라고 선언한 뒤, 두 번째 문장에서 "국가는 개인이 가지는 불가침의 기본적 인권을 확인하고 이를 보장할 의무를 진다"고 규정하고 있다. 여기서 "불가침의"라는 말과 "확인하고"라는 말이 우리 헌법이 인권을 자연권으로 이해하고 있다는 증거가 된다. 자연권이기 때문에 인권은 남에게 양도할 수도 없고 침해당해서도 안 되는 불가침의 권리다. 또한, 이후에 만들어진 헌법은 이러한 불가침의 기본적 인권들을 규정함으로써 이러한 권리들이 인권이 맞음을 확인해줄 뿐이다. 다시 말해 헌법에 이들 권리를 규정하는 것이 새로운 인권을 탄생시키는 창설적 역할을 하는 것은 아니다. 왜냐하면 인권은 헌법 이전에 이미 인권으로 존재하고 있기 때문이다.

3. 인권과 기본권은 어떻게 다른가

'인권'이라는 말과는 별도로 '기본권'이라는 말이 있다. 기본권이란 '헌법이 보장하는 국민의 기본적 권리'를 말한다. 독일 헌법학 용어인 'Grundrecht'를 우리말로 직역한 것이 '기본권'이다. 독일어 'Grund'가 '기본'을 뜻하고 'Recht'가 '권리'를 뜻하므로 이를 합한 'Grundrecht'를 '기본권'이라 옮긴 것이다.

이러한 기본권에는 인간으로 태어난 이상 당연히 누리는 천부적·생래적 권리인 인권도 있지만, 사회보장수급권과 같이 헌법이 기본권으로 규정해줘야 비로소 기본권이 되는 국가 내적인 권리들도 있다. 이 국가 내적인 권리들은 주로 사회권이다. 모든 사람이 최소한의 의식주를 해결하고 일정 정도의 문화적 혜택을 받을 수 있는 권리인 사회권은 중요한 기본권이다. 현대의 사회국가 또는 복지국가에서는 모든 국민에게 최소한의 기본적 수요를 충족시킴으로써 건강하고 문화적인 생활을 누릴 수 있도록 하는 것이 국가의 책임이자 국민의 권리로 인정되면서, 최근에 사회권이 새로운 기본권으로 등장했다. 사회권은 주로 개인이 국가에 대해 최소한의 기본적 수요 충족과 건강하고 문화적인 생활 영위를 위해 요구할 수 있는 이러저러한 '급부 요구'를 내용으로 한다. 기존의 인권 개념으로 보면 사회권은 인간으로 태어난 이상 당연히 누리게 되는 인권은 아니다. 헌법에 기본권으로 규정되고 국가 재정 능력이 그것을 뒷받침할 수 있어야 실현되는 국가 내적인 권리인 것이다.

자유권은 이러한 사회권과 대비된다. 인간으로 태어난 모든 개인은 당연히 일정한 자유 영역을 가지는데, 자유권은 국가나 타인이 이런 개인의 자유 영역에 간섭하고 들어오면 이 간섭을 배제하기 위해 주장되는 권리들이다. 즉 권리 자체가 '간섭 배제'를 내용으로 한다. 시민혁명으로 근대를 탄생시킨 서구 국가들에서는 그 승리의 세력인 부르주아들이 근대 헌법에 자신들의 주장을

사회권에는 국가에 최저 생계비 지원 등을 요구할 수 있는 사회보장수급권, 생계유지를 통한 생존 보장을 요구할 수 있는 생존권, 직업을 가지고 일할 수 있는 권리인 근로권, 근로자들의 단결권, 단체교섭권, 단체행동권을 아우르는 근로삼권, 교육 받기를 원하면 능력에 따라 교육 받을 수 있는 교육권, 쾌적한 환경에서 살아갈 권리인 환경권, 건강하게 살아갈 수 있는 권리인 건강권 내지 보건권 등이 있다.

담아 규정하기 시작했다. 대부분 강압에 의해 누리지 못했던 기본권들로 이런 것들이 모두 자유권에 속한다. 절대 왕정기에 믿고 싶은 종교를 믿지 못했던 부르주아들이 기본권으로 규정한 종교의 자유, 자신의 의지에 따라 자신의 사상과 신조를 선택할 수 있는 양심의 자유, 법에 없는 각종 세금으로 재산을 강탈당한 경험을 토대로 기본권에 명시한 재산권, 이유 없이 왕 앞에 끌려가고 왕 마음대로 투옥되거나 처벌을 받은 데 대한 반감에서 헌법에 규정한 신체의 자유, 자신의 의견이나 사상을 개별적 혹은 집단적으로 표현하는 데 국가나 타인의 간섭을 배제하겠다는 언론·출판·집회·결사의 자유와 같은 표현의 자유, 봉건적 신분 제도가 없어진 근대에서 자신의 능력과 의사에 따라 자유롭게 직업을 선택하고 영위하겠다는 직업의 자유, 삶의 터전을 자신의 자유의사에 따라 정하겠다는 거주·이전의 자유 등이 모두 자유권이다.

자유권들은 방금 나열한 예에서도 나타나듯이 명칭에 '자유'라는 말이 붙는 경우가 대부분이어서 식별이 쉽다. 자유권의 내용이 '간섭 배제'에 있다는 예로, 언론의 자유를 생각해보자. 자신의 사상이나 의견을 자유롭게 말로 표현할 수 있는 자유 영역이 인간으로 태어난 이상 이미 주어져 있다. 그런데 국가가 온갖 이유를 들어 어떤 사람으로 하여금 말을 하지 못하게 하거나 그가 어떤 말을 했다고 처벌하려 할 때, 그는 자유권으로서의 언론의 자유를 주장할 수 있다. 말을 막으려는 국가에 대해 언론의 자유를 주장해 간섭을 배제한다는 점에서 언론의 자유라는 자유권의 주된 내용은 '간섭 배제'라고 할 수 있다. 앞서 살펴본 사회권이 개

사회국가는 사회주의 국가와는 전혀 다른 개념이다. 사회주의국가란 공산주의국가와 더불어, 사유재산제를 부인하고 생산수단의 사회화, 이윤 추구의 불인정, 직업 선택의 부자유와 함께 전면적인 중앙집권적 계획경제에 의한 '공동 생산과 공동 분배'를 내용으로 하는 국가를 말한다. 이에 비해 사회국가는 사유재산제를 인정하고 생산수단의 사유화, 이윤 추구의 인정, 직업 선택의 자유와 함께 자율적인 가격기구를 통한 자유 시장경제 체제를 추구하는 자본주의를 근간으로 하면서 경제민주화를 위해 국가가 시장에 부분적으로 개입하는 것을 용인하는 수정자본주의하의 국가를 말한다. 사회국가와 사회주의국가는 둘 다 자본주의의 폐해와 모순을 해결하기 위해 등장한 국가 개념이다. 다만 사회국가가 단계적, 점진적 사회 개량 정책으로 자본주의의 모순을 해결해나가려 한 것이라면, 사회주의국가는 혁명적 방법으로 일거에 자본주의의 모순을 개혁하려는 것이라는 점에 근본적 차이가 있다. 즉, 20세기에 들어와 빈익빈 부익부, 노사 대립, 실업자 발생, 주기적인 경제공황 등 자본주의가 원래부터 잉태한 각종 폐해들이 나타나자 이를 해결하는 방식으로 점진적 개량을 택한 사회국가와 급진적 개혁을 택한 사회주의국가가 등장한 것이다.

인이 가만히 있는 국가를 상대로 인간다운 생활을 위해 각종 '급부 요구'를 할 수 있는 적극적 권리라면, 자유권은 국가가 개인의 자유 영역에 간섭해 들어올 때 비로소 주장되는 소극적 권리라는 측면에서도 사회권과 자유권은 크게 대비된다.

자유권은 모두 인권이다. 즉, 근대 헌법이 자유권으로 규정한 권리들은 모두 인간으로 태어난 이상 당연히 누리는 인간의 권리들이다. 종교의 자유가 그렇고, 양심의 자유가 그렇고, 언론의 자유가 그렇다. 그래서 그동안 '인권'이라는 개념은 헌법이 기본권으로 규정한 여러 권리들 가운데 주로 자유권을 가리키는 것으로 이해되어왔다. 그러나 현대에 들어서면서 인권의 개념이 사회권으로까지 확대되고 있다. 복지국가 내지 사회국가에서 인정되는 여러 사회권들이 인간다운 생활을 위해 당연히 누려야 할 권리로

다루어지기 시작한 것이다. 이런 의미에서, 기존의 기본권 개념이 자유권을 중심으로 하고 있고, 인권 사상을 바탕으로 한 인권 실현이 기본권이지만, 현대에 와서는 인권의 개념이 사회권으로까지 확대되어 기본권과 인권은 서로 동일시해도 무방한 개념이 되었다.

4. 인권 보장은 왜 중요한가

인권의 보장은 중요하다. 그 이유는 무엇일까? 이 물음에 대한 대답은 어떤 삶이 행복한 삶인가 하는 다소 철학적인 물음에 대한 대답과 연관된다. 경제 발전을 통해 물질적으로 풍요로워지는 것이 행복한 삶을 위한 필요조건이기는 하다. 그러나 필요충분조건이라고 할 수는 없다. 경제 발전 못지않게 그것을 추구하는 과정에서 개인의 인권이 존중되고 보장되는 것도 중요하기 때문이다. 인권이 철저히 보장되는 삶이야말로 많은 사람이 꿈꾸는 행복한 삶의 또 다른 필요조건이다. 아무리 경제적 풍요를 누려도 인간으로서의 대접을 제대로 받지 못하고 자주 차별받으며 인권을 유린당한다면, 행복한 삶이라고 할 수 없을 것이다.

그런데 인권 발달의 역사는 항상 인권 제한의 역사와 궤를 같이해왔다. 인권의 보장 못지않게, 공익 등을 이유로 한 제한도 강조되어온 것이다. 특히 언론·출판·집회·결사의 자유와 같은 표현의 자유는 보장보다는 제한이 주를 이룬 채 발전되어왔다고 볼 수 있다. 성적(性的) 표현의 자유가 대표적이다. 많은 나라에서 근대 시민혁명 이후 불문(不文)의 관습이나 관행을 성문화(成文化)된 헌법전(憲法典)으로 만들면서 기본적 인권들을 헌법에 명시했고, 표현의 자유 역시 기본적 인권 중의 하나로 인정했다. 그러나 성적 표현의 자유는 처음부터 규제의 대상이었다. 성적 행위나 나체에 대한 묘사가 조금이라도 포함되면 그러한 표현들은 규제되고 금기시되었다. 그러나 세월이 흘러 사회가 개방화되면서 소설이나 영화, 연극 등에서 성적 묘사를 시도하는 경우가 점점 많아졌다. 이에 소위 '음란'한 성적 표현에 한해서만 표현의 자유가 제한되어 금지·처벌되었을 뿐, 문학적·예술적·사상적 차원의 성적 표현은 표현의 자유로 보호받게 되었다. 이렇듯 출발선에서는 인권을 보장하려는 것인지 아닌지 의구심이 들 정도로 '제한' 위주의 규제가 가해졌지만 사회가 발전하고 인권 개념이 발달하면서 '제한'보다는 '보장'이 조금씩 더 강조되어왔다.

현대 헌법학이나 인권법의 주된 경향은 '인권 보장의 확대 및 강화'에 있지 '인권의 축소 및 제한'에 있지 않다. 현대에 와서 인권의 중요성은 과거 어느 때보다 더 높아지고 있으며, 공익 등을 명분으로 한 인권의 제한보다는 인권 보장의 강화나 확대가 더 강조되고 있다. 특히 인권 보장의 확대와 관련해서는 과거 인권의 적용 대상에서 제외되어 그늘에 가려져 있던 범죄자의 인권이 강조되고 있는 것을 예로 들 수 있다. 범죄 혐의를 받고 수사선상에 오른 피의자나 기소되어 재판을 받는 피고인, 유죄 확정 판결을 받은 범죄자의 인권 보장은 서구 선진국들을 중심으로 많은 발전이 있었다. 이들이 수사 과정, 재판 과정, 복역 과정 등에서 자신들의 범죄 혐의나 범죄 행위와 상관없는 일로 인해 인간으로서 응당 누려야 할 인권을 침해받아서는 안 되기 때문이다.

이러한 인권 보장의 확대와 강화가 어느 정도까지 이루어졌느냐가 그 나라가 선진국인지 아닌지를 판단하는 중요한 척도 가운데 하나가 되고 있기도 하다. 인류의 역사는 인권 보장 확대의 역사이다. 역사가 발전하면 발전할수록 인권의 가치가 그 어떤 가치보다 더 강조되어왔음을 인류의 역사가 잘 보여주고 있다.

인간과 시민의 권리 선언(1789)

제1조 인간은 자유롭고 평등하게 태어나 존재할 권리를 가진다. 사회적 차별은 공동의 이익을 근거로 할 때만 허용된다.

제2조 모든 정치 결사의 목적은 인간의 자연적이고 소멸될 수 없는 권리를 보전하는 것이다. 자유, 소유권, 안전, 그리고 억압에 대한 저항권이 바로 그 권리들이다.

제3조 모든 주권의 원리는 본질적으로 국민에게 있다. 어떤 단체나 개인도 국민에게서 직접 유래하지 않은 공권력을 행사할 수 없다.

제4조 자유는 타인을 해치지 않는 모든 것을 행할 수 있는 자유이다. 따라서 각자의 자연권 행사는 사회의 다른 구성원도 동일한 권리를 누릴 수 있게끔 보장해야 한다는 점을 제외하고는 어떤 제약도 갖지 않는다. 이러한 제약은 오직 법에 의해서만 규정될 수 있다.

제5조 법은 오직 사회에 해악을 끼치는 행위만을 금지할 수 있다. 법에 의해 금지되지 않은 것은 어떤 것도 막을 수 없으며, 누구도 법이 명하지 않은 것을 하도록 강요당해서는 안 된다.

제6조 법은 일반 의지의 표현이다. 모든 시민은 개인적으로 또는 대표자를 통해 입법에 참여할 권리가 있다. 법은 보호할 때나 처벌할 때나 만인에게 동등해야

한다. 모든 시민은 법 앞에 평등하므로 모든 고위층과 공적 지위 및 직업에 오로지 그의 능력과 덕성과 재능에 따라 차별 없이 선출되는 동등한 권리를 갖는다.

제7조 누구도 법에 규정된 사례와 절차가 아니고는 고소, 체포, 구금되어서는 안 된다. 자의적인 명령을 요청, 전달, 집행하거나 또는 집행을 유발하는 자는 모두 처벌되어야 한다. 그러나 법에 따라 소환되거나 체포되는 시민은 누구나 즉각 그에 따라야 하며, 이에 대한 저항은 위법에 해당한다.

제8조 법은 엄격하고 명백하게 필수적인 처벌만을 규정해야 한다. 위법 행위 이전에 제정되고 공포된 법에 따라 합법적으로 시행된 경우를 제외하고는 누구도 처벌될 수 없다.

제9조 모든 사람은 유죄 선고를 받기 전에는 무죄로 추정되어야 한다. 체포가 불가피한 것으로 간주되는 경우, 수감자의 신체를 확보하는 데 필수적이 아닌 모든 가혹 행위는 법에 의해 엄격히 금지되어야 한다.

제10조 누구도 의사 표명에 있어서 종교적 신념이라 할지라도 법에 의해 세워진 공공질서를 어지럽히지 않는 한 방해받지 않는다.

제11조 사상과 의견의 자유로운 소통은 인간의 가장 소중한 권리 중 하나이다. 이에 따라 모든 시민은 자유로이 말하고 쓰고 출판할 수 있다. 다만 법에 규정된 자유의 남용은 책임을 져야 한다.

……

제17조 자산은 침해할 수 없는 성스러운 권리이므로 합법적으로 규정된 공공적 필요가 그것을 명백하게 요구할 때를 제외하고는 박탈당할 수 없으며, 오직 자산 소유자에게 사전에 정당하게 배상하는 조건하에서만 박탈할 수 있다.

<table>
<tr><td>제2장</td><td># 법과 인권의 필연적 조우</td></tr>
</table>

 영국의 역사가 액턴 경Lord Acton이 한 말이다. 견제 장치 없이 집중된 권력을 '절대 권력'이라 하는데, 인류 역사를 봤을 때 절대 권력은 반드시 부패했다는 점을 지적하고 있다. 그의 비판이 공감을 얻으면서 그 후 절대 권력을 만들지 않기 위한 방안들이 모색되었다.

'절대 권력은 절대적으로 부패한다'는 말이 있다. 권력은 아편과도 같은 모양이다. 품성이 좋은 사람도, 권력을 비판하고 증오하던 사람도 일단 권력을 쥐면 그것을 쉽게 놓을 줄 모른다. 국민의 인권을 지켜주겠다고 선언하던 사람들도 그 명목으로 권력을 잡게 되면 손에 쥔 권력을 최대한 키우려 하고 영원히 붙들고 있으려 한다. 그리고 급기야는 자신들이 그토록 증오하던 독재자처럼 국민의 인권을 유린한다. 인간은 한번 권력을 잡으면 그것을 최대한, 그것도 영원히 휘두르고 싶어 한다는 선인들의 지적이 가슴에 와 닿는다. 그것이 인간의 본성인가 보다.

몽테스키외C. L. de S. Montesquieu가 20년에 걸쳐 저술한 역작 《법의 정신》을 통해 웅변한 '권력의 분립'도 이러한 인간의 악성을 시인하는 데서 출발한다. 집중된 권력은 그 권력자의 인격이나 지식에 관계없이 부패하여 국민의 자유와 권리를 핍박한다는

것이다. 몽테스키외는 그러한 불행한 귀결을 막기 위해서는 권력을 입법, 사법, 행정의 삼권으로 '분할'하고 분할된 삼권 간의 '견제와 균형'이 필요하다고 처방책을 제시했다. 따라서 그의 권력 분립론은 권력의 분할에 주안점이 있는 것이 아니라, 그것을 통한 '국민의 인권 보장'을 주된 목표로 삼고 있다. 권력 분립은 인간 본성에 대한 철저한 성찰 위에 세워진, 불행을 예방하는 장치였다. 그리고 그것의 목적은 바로 행정부나 입법부 같은 어느 한 기관에 권력이 집중되어 절대 권력이 출현하는 것을 막고, 이 절대 권력으로부터 국민의 인권이 유린되는 것을 막는 데 있었다.

집중된 권력, 견제받지 않는 권력의 비참한 말로를 이미 우리는 너무도 많이 보아왔다. 우리나라의 헌정사 역시 끝없이 흥망성쇠를 반복해온 그러한 권력들의 부끄러운 기록이라고 할 수 있다. 견제 없이 집중된 권력은 예외 없이 부패하고 국민의 인권을 짓밟는다는 것은 몽테스키외가 오랜 연구와 성찰을 바탕으로 보내는 준엄한 경고이며, 내가 이제껏 발견한 몇 안 되는 '보편타당한' 진리 가운데 하나다. 그런 의미에서 《법의 정신》은 진정 '인간의 정신', '인간의 본성'에 대한 이야기다.

1. 인권 보장을 위한 위대한 문서, 헌법

헌법 제정 권력이란 헌법을 시원적으로 창조하는 힘을 말한다. 프랑스 시민혁명 전야에 급진 성향의 프랑스 신부 시에예스E. J. Sieyès가 처음으로 주장한 개념이다. 그는 '제3신분이란 무엇인가'라는 제목의 팸플릿을 파리 시내에 뿌렸는데, 그 안에는 헌법의 제정 주체는 제1신분이나 제2신분에 속하는 왕, 귀족, 성직자가 아니라 바로 제3신분인 시민들이라는 주장이 담겨 있었다. 헌법 제정 권력은 입법권, 사법권, 행정권 등의 구체적인 통치권보다 층위가 높은 최상위의 권력으로서 주권과 유사한 개념으로 인식되고 있다.

몽테스키외의 권력 분립론과 권력의 분립을 통해 보호하려는 국민의 인권이 무엇인가 하는 점은 근대 이후 세계 민주국가들의 입헌주의적 헌법에 잘 나타나 있다. 일반적으로 역사학에서 근대는 유럽의 시민들이 시민혁명을 일으켜 절대 왕정을 무너뜨리고 한 나라의 주권자이자 헌법을 제정하는 힘을 가지는 헌법 제정 권력이 되는 때를 말한다. 근대 이후에 민주국가에서 만들어진 헌법들은 입헌주의를 중심 이념으로 한다는 공통점을 가지기 때문에 '근대 입헌주의적 헌법'이라 불린다. '입헌주의'는 '국민의 기본권을 보장하고 국가 권력의 분립을 규정한 헌법에 입각해 다스릴 것을 요구하는 정치 원리'를 말한다. 다스림의 기준이 되는 헌법이 명확하게 성문화되어 있어야 입헌주의 실현이 더 용이하기 때문에 근대 이후의 헌법들은 관습 헌법의 형태로 존재하기보다는 문서화된 성문헌법의 형태로 존재하게 된다.

앞서 입헌주의의 의의에서 보았듯이 입헌주의는 국민의 '기본권 보장'과 '권력 분립'을 핵심 요소로 한다. 권력이 분립되지 않고 왕에게 집중되었던 절대 왕정기를 겪으면서 무역 등을 통해 성장한 부르주아 시민들은 집중된 권력이 자신들의 인권을 얼마나 철저하게 짓밟을 수 있는지 직접 생생히 체험했다. 일정한 재산과 지식을 가지게 된 부르주아 계층이 등장하자, 왕은 그들에게 아무런 법적 근거 없이 무거운 세금을 징수하여 재산을 빼앗으려 했다. 또한 세금을 잘 내지 않는다는 등의 이유로 그들을 잡아다가 투옥하고 고문하고 심지어 죽이기까지 했다. 왕이 시민의 신체에 자의적이고 불합리한 인신구금과 형벌을 가했던 것이다. 종교도 보통 '국교(國敎)'로 지정된 한 가지 종교만 강요되었다. 통치 규정이 정해져 있지 않아 왕 마음대로 자의적인 통치가 이루어졌다. 왕은 국가 의사를 전반적이고 최종적으로 결정하는 최고의 독립된 힘을 가진 주권자였다. 근대 이전의 절대 왕정기는 왕 마음대로 통치가 이루어지는 '인치(人治)'의 시대였다.

절대 왕정하에서 인권 유린을 당하며 고초를 겪던 부르주아 시민 세력이 절대 왕정을 무너뜨리고 주권자로서 역사의 전면에 나선 것이 바로 시민혁명이다. 따라서 시민혁명 이후에 만들어진 근대 입헌주의적 헌법은 어느 한 주권자에 권력이 집중되어서는 안 된다는 '권력 분립'과 시민의 자유와 권리, 즉 '기본적 인권의 보장', 이 두 가지를 핵심 요소로 할 수밖에 없었던 것이다. 특히,

절대 왕정기에 각종 자의적인 세금으로 재산을 빼앗겼던 경험을 되새기며, 부르주아들은 사유재산제에 기반을 둔 '재산권'을 헌법에 최초의 기본권 중 하나로 집어넣었다. 그리고 왕에 의한 자의적 인신 구속과 투옥, 고문 등이 되풀이되지 않도록 신체의 자유도 헌법에 기본권으로 규정했다. 왕의 결정이 아니라 개인의 결정에 따라 자유로이 선택하고 믿을 수 있는 종교의 자유도 근대 입헌주의적 헌법에 중요한 기본권으로 포함되었다.

주권은 이제 왕이 아니라 시민들의 것이 되었으며, 사회는 왕의 자의에 의한 '인치'가 아니라 시민이 제정한 헌법이나 시민의 대표들로 구성된 의회에서 만든 법률에 근거한 통치가 이루어지는 '법치'사회가 되었다. 이렇듯 근대 이후에 국민의 여러 기본적 인권들이 성문 헌법에 규정되기 시작하면서 헌법은 말 그대로 '인권 보장을 위한 위대한 문서'가 되었다. 그리고 근대 이후 민주국가의 헌법들에서 기본권 규정은 더더욱 많아지고 구체화되었다.

법률, 명령, 조례, 규칙 등의 규범과 달리 헌법만이 가지는 특성을 '헌법의 특질'이라고 한다. 그리고 이 헌법의 특질 중에 '기본권보장규범성'이라는 것이 있다. 국가의 기본법이자 최고 법인 헌법은 국민의 인권 보장을 중요한 목표로 하는 기본권 보장을 위한 규범이라는 뜻이다. 현대 민주국가의 헌법은 예외 없이 기본권 보장에 관한 규정들을 두고 있다. 우리 헌법도 '제2장 국민의 권리와 의무'에서 '헌법 제10조 인간의 존엄과 가치 및 행복추구권'을 필두로 여러 기본적 인권에 관한 조항들을 두고 있다. 그리고 헌법 제10조의 두 번째 문장에서 "국가는 개인이 가지는

헌법이 법률 등 다른 규범과 구별되는 특징으로는 크게 규범으로서의 헌법이 가지는 '규범적 특질'과 현실적 권력관계를 규율하는 법으로서의 헌법이 가지는 '사실적 특질'이 있다. '규범적 특질'에는 최고규범성, 조직규범성, 수권규범성, 권력제한규범성, 기본권보장규범성이 있고, '사실적 특질'에는 정치성, 이념성, 역사성, 개방성이 있다.

불가침의 기본적 인권을 확인하고 이를 보장할 의무를 진다"는
규정을 두어 국민의 기본적 인권 보장의 의무를 국가의 의무로
천명하고 있다. 이렇듯 국가의 최고 법이자 기본법인 헌법이 기
본적 인권 보장에 관한 규정을 많이 두고 있어야만 국민들이 실
효적으로 인권을 향유할 수 있게 된다.

2. 헌법의 인권 보장의 역사

 국민의 기본적 인권이 성문화된 헌법에 규정되기 시작한 것이
근대 이후이기 때문에, 인권 개념이 체계적으로 정립되기 시작한
것도 근대 이후이다. 특히 18세기 영국의 위대한 자연법 사상가

인 존 로크John Locke 등의 공로가 컸다. 로크는 국가 성립 이전의 자연 상태에서도 이 자연 상태를 규율하는 법칙이 존재한다고 보았고, 이 법칙을 '자연법'이라 불렀다. 모든 인간은 자연법의 규율을 받기 때문에 생명, 자유, 재산에 대한 생래적이고 천부적 권리인 자연권을 향유하며, 이러한 자연권을 제대로 보장받기 위해 사회 구성원 간에 사회계약을 체결하여 권력을 위임해준 것이 '국가'라는 것이다. 따라서 로크의 주장에 따르면 국가는 인간의 자연권으로서의 인권을 보다 실효적으로 보장하기 위해 존재한다.

로크의 자연권 사상이 가장 큰 영향을 끼친 헌법이 바로 미국 헌법이다. 1787년 미국 헌법이 제정되기 전에는 미국 국민들의 기본적 인권에 관한 헌법적 문서로서 1776년 6월에 버지니아 권리장전이, 7월에 독립선언서Declaration of Independence가 채택되었다. 버지니아 권리장전을 집필한 메이슨George Mason과 미국 독립선언서를 기초한 제퍼슨Thomas Jefferson은 둘 다 로크의 자연권 사상에 심취한 버지니아 주의 정치인들이었다. 따라서 이들이 같은 해에 한 달 간격을 두고 집필한 헌법적 문서인 버지니아 권리장전과 미국 독립선언서에는 인권을 중시하는 로크의 자연권 사상이 많이 녹아들 수밖에 없었다.

버지니아 권리장전은 생명권, 자유권, 재산권, 저항권을 기본적 인권으로 규정하고 인권을 인간으로 태어난 이상 당연히 가지는 천부적 자연권으로 파악하면서, 무엇이 인권에 속하는지 구체적인 인권 목록을 제시했다. 미국 독립선언서는 인권 목록을 제시하지는 않았지만, 인권이 인간으로 태어난 이상 자연 상태에서도

메이슨

제퍼슨

당연히 누리는 자연권임을 선언하고 생명, 자유, 행복 추구의 권리를 이러한 자연권의 내용으로 선언했다.

그로부터 11년 후, 영국의 식민지였던 13개 자치주의 비준을 얻어 7개 조항으로 이루어진 미국 건국 헌법이 제정되었다. 그러나 건국 헌법의 조항들은 입법부, 행정부, 사법부의 구성과 조직 및 권한 등 통치 구조에 관한 사항만 규정하고 있었고 기본권에 관한 내용은 빠져 있었다. 이에 기본권 규정이 없는 헌법도 헌법이냐는 비판이 쏟아졌다. 미국은 그로부터 불과 4년 후인 1791년 제1차 헌법 개정을 단행해 개정 헌법 제1조에서 제10조에 이르는 기본적 인권에 관한 규정들을 한꺼번에 추가했다. 특히 미국 개정 헌법 제1조는 표현의 자유, 종교의 자유, 청원권 등 핵심적 인권들을 규정한 중요한 헌법 조항이다.

영국은 헌법이 문서의 형식을 갖추지 않은 불문헌법 국가다. 다만 인권에 관한 법적 문서들이 남아 있을 뿐이다. 영국 최초의 인권 보장 문서는 1215년 군주와 귀족 간에 체결되어 귀족들의 재산권, 신체의 자유 등 여러 권리를 규정한 마그나 카르타Magna Carta다. 마그나 카르타는 왕이 단결된 귀족에게 내어준 일종의 항복 문서였다. 1628년의 권리청원Petition of Right도 신체의 자유를 보장하면서 국민의 대표인 의회의 승인 없이 세금을 거둘 수 없음을 못 박았다. 1647년의 인민협정Agreement of the People에서는 보다 구체적인 인권들이 규정되었다. 종교의 자유, 양심의 자유, 평등권, 신체의 자유, 병역의 강제로부터의 자유, 재산권 등이 인권으로 규정된 것이다. 1679년의 인신보호법Habeas

미국의 헌법 개정 방식은 기존의 헌법 조항들을 그대로 두고 새로운 조항들을 추가해나가는 '증보형 amendment' 방식이다. 미국에서는 건국 헌법 때의 7개 조항 외의 나머지 조항들을 개정 헌법Amendment이라고 부르는데, 헌법에 추가된 순서에 따라 번호를 매긴다. 현재 미국 헌법에는 27개의 개정 헌법 조항이 있다.

마그나 카르타

Corpus Act은 신체의 자유를 위한 절차적 보장을 규정했으며, 구속의 타당성에 대해 다시 다툴 수 있는 구속 적부 심사 제도를 최초로 규정했다. 명예혁명 이후인 1689년의 권리장전 Bill of Rights에서는 기본적 인권으로 형사 절차의 보장에 따른 권리, 언론의 자유, 청원권이 추가되었다. 그러나 영국의 여러 인권 문서들 속에 나타난 인권은 상당 기간 국민 전체의 인권이 아니라 귀족들에게만 적용되던 '귀족만의 인권'이었다는 한계를 가진다.

프랑스 인권 사상의 기초는 몽테스키외와 루소 등 프랑스의 위대한 사상가들이 제공했다. 이들의 인권 사상에 자극을 받아 프랑스 시민혁명이 일어났고, 그 시민혁명의 결과는 여러 인권 보장 문서들로 나타났다. 그 첫 번째 문서가 1789년의 '인간과 시민의 권리 선언Déclaration des droits de l'homme et du citoyen'이다. 줄여서 '인권 선언'이라고도 불리는 이 선언의 제1조는 "인간은 자유롭고 평등하게 태어나 존재할 권리를 가진다. 사회적 차별은 공동의 이익을 근거로 할 때만 허용된다"라고 규정했다. 즉, 인권을 인간으로 태어나면서부터 당연히 누리는 자연권으로 이해했고, 인권 중에서도 특히 평등권을 중요한 인권으로 강조했다. 그 외에 소유권, 신체의 자유, 종교의 자유, 표현의 자유 등도 중요한 인권으로 언급되었다. 1791년 제정된 프랑스 건국 헌법은 이 1789년의 인권 선언을 수용했다. 2

차대전 이후 1946년의 제4공화국 헌법에서는 헌법 본문 앞에 위치한 전문(前文)에서 인권 선언의 정신을 재확인하고 따로 구체적인 인권 목록까지 규정했다. 그러나 1958년의 제5공화국 헌법은 전문에서 인권 선언을 전반적으로 수용한다는 규정만 두었을 뿐, 별도로 인권 목록을 헌법에 두지는 않았다.

인간과 시민의 권리 선언

독일에서 국민의 기본적 인권에 대해 규정한 최초의 문서는 1807년의 베스트팔렌 왕국 헌법과 1808년의 바이에른 헌법이라 할 수 있다. 이 헌법들에서는 신체의 자유, 재산권, 신앙의 자유, 출판의 자유 등 전통적 인권들이 규정되었다. 1816년의 독일 동맹 규약에서는 신문의 자유, 거주 이전의 자유가 추가되었다. 1871년의 독일제국 헌법은 기본권에 대한 장을 따로 두지 않고 제3조에서 입법 사항과 관련해 기본권 보장을 포괄적으로 규정하는 방식을 취했다. 1919년의 바이마르 헌법은 종래의 자유권 이외에 인간다운 생활을 위한 사회적 기본권을 세계 최초로 규정했다. 나치 시대의 인권 유린과 2차대전을 경험한 이후인 1949년에 제정된 본 기본법Das Bonner Grundgesetz은 인간의 존엄성 존중을 규정하고 기본적 인권에 관한 헌법 조항들이 다른 하위 법률의 제정을 통한 구체화 과정 없이도 직접적 효력을 가진다고 선언했다.

1948년에 제정된 우리의 건국 헌법은 이러한 미국, 영국, 프랑

스, 독일 등 서구 선진국들의 헌법상의 인권 규정들에 크게 영향
을 받아 다양한 기본적 인권에 관한 규정들을 처음부터 포함한
상태로 제정되었다. 평등권, 종교 및 양심의 자유, 표현의 자유,
재산권, 참정권 같은 고전적 인권들은 물론이고, 독일 바이마르
공화국 헌법의 영향을 받아 노동 삼권, 생활 무능력자의 보호, 가
족의 건강 보호와 같은 사회적 기본권들도 헌법에 규정되었다.
특히 사기업 근로자의 이익 분배 균점권도 국민의 기본적 권리로
규정하는 등 사회국가, 복지국가 경향이 강한, 당시로서는 첨단
이었던 사회적 기본권 규정들이 우리 헌법에 들어갔다. 그 후 9차
에 걸친 헌법 개정을 통해 우리 헌법상의 기본권 조항은 적지 않

은 신설 조항들을 가지게 되었다.

3. 하위 법률과 인권 보장의 구체화

헌법은 한 나라의 기본법이자 최고 법이다. 따라서 헌법은 중요한 인권들을 명문 규정할 뿐이며, 이 인권들의 구체적 내용이나 실현 방법 등을 다루는 것은 헌법이 아닌 다른 하위 법률들이다. 법률이란 원래 최고 법인 헌법에 근거해 헌법 규정을 구체화하기 위해 제정되는 규범이기 때문이다.

예를 들어 죄와 형벌에 관해 규정하고 있는 형법과 형사 절차에 대해 규정하고 있는 형사 소송법은 헌법 제12조와 제13조에 규정된 신체의 자유를 구체화하는 하위 법률들이다. 민법도 크게 보면 헌법 제23조의 재산권 조항에 근거해 개인과 개인의 사적 관계에 있어서의 법칙을 규정한 법률로 볼 수 있다. 경제법은 헌법 제119조부터 127조에 걸쳐 규정된 경제 질서에 관한 조항을 구체화한 하위 법률이다. 노동법도 헌법 제32조의 근로의 권리와 제33조의 노동 삼권 조항을 구체화한 법이다. 이처럼 국민의 인권에 관한 큰 방향과 설계에 대해서는 최고 법인 헌법에 규정되지만 그 구체적인 내용이나 실현 방법 등에 대한 사항은 다른 하위 법률들에서 규정하고 있다.

4. 혹시 법이 인권 보장을 방해하지는 않는가

민주국가에서 헌법은 헌법 제정권을 가진 국민이 만들고, 다른 하위 법률들은 국민의 직접선거로 뽑힌 국민의 대표 기관인 국회가 만든다. 그리고 이 법률들은 앞서 살펴봤듯이 국민의 인권에 관한 헌법 규정들을 구체화하여 현실에서 제대로 보장되고 실현될 수 있게 한다. 그런데 국회가 만드는 하위 법률들이 모두 국민의 인권 보장에 긍정적으로 기여하는 것은 아니다. 헌법상의 인권 보장 규정에 배치되는 내용의 위헌적 하위 법률 규정들은 오히려 인권의 보장을 방해하기도 한다. 그래서 우리는 이런 위헌 규정들을 '악법 규정'이라 부르는 것이다. 헌법이 규정한 인권의 보장을 방해하는 악법 규정의 예는 얼마든지 많다. 이때 우리는 공익을 위해 어쩔 수 없이 이루어지는 합헌적인 인권 '제한'과 위헌적인 인권 '침해'를 구분할 줄 알아야 한다. 인권의 '제한'은 공익을 위해 부득이 필요한 경우 최소한으로 이루어지면 '침해'가 되지 않는다. 즉 '합헌적 제한'이 되는 것이다. 반면에 공익을 위해 필요하지도 않은데 과도하게 인권이 제한되면 이것은 인권의 '침해'가 되어 위헌이 된다.

계좌 추적권, 남용하면 독이다

개인의 금융 계좌와 같은 사적인 영역에 국가가 침범해 정보를 알아내는 것은 헌법상의 사생활권이라는 개인적 인권에 대한 제한이 될 수 있다. 그렇기 때문에 이를 위해서는 영장 등이 필요하

다고 헌법은 선언하고 있다. 그런데 수년 전 재정경제부가 제출
한 자료에 의해 국세청, 금융감독원, 공직자윤리위원회 등의 국
가 기관이 국민 개인의 금융 계좌를 추적하는 건수가 일 년에 수
십만 건에 이르고, 그 수가 급증하고 있으며, 그중 삼분의 이 정도
가 본인의 동의나 판사가 발부한 영장 없이 이루어진다는 충격적
인 내용이 알려졌다.

　계좌 추적권은 '금융 실명법'이라는 이름으로 더 잘 알려진 '금
융 실명 거래 및 비밀 보장에 관한 법률'과 각 국가 기관의 업무에
관한 개별 입법에 의해서 몇몇 국가 기관에 합법적으로 인정된
권한이다. 특히 금융 실명법에 따르면 계좌 추적은 원칙적으로는
본인의 동의를 얻어야 하지만, 예외적으로 탈세, 부당 내부 거래
등의 부패 혐의나 각종 범죄 혐의가 있는 대상에 한해서는 본인

의 동의나 영장 없이도 추적이 가능하다. 즉, 공익을 위해 필요한 경우 본인 동의나 영장이 없어도 국가 기관이 직권으로 판단해 혐의가 있는 사람의 계좌를 추적할 수 있는 것이다. 물론 '금융 실명법 제4조의 2' 등은 금융 회사가 국민 개인의 금융 관련 정보를 국가 기관에 제공했을 때 그 사실을 10일 이내에 본인에게 서면으로 통보하도록 의무화함으로써, 적어도 계좌 추적 사실이 본인에게 나중에라도 알려지도록 하고 있다.

재벌 기업의 각종 경제 비리, 국민 개인의 탈세, 불법적인 정치자금 수수 등을 발본색원하기 위해 국가 기관에 의한 계좌 추적은 인정되어야 한다. 그러나 이 계좌 추적권은 국민 개인의 금융 거래 영역이라는 사적인 영역을 침범하는 것이므로, 항상 사생활권 보호를 염두에 두면서 '경제 정의'라는 공익 실현에 필요한 한도 내에서 최소한으로 신중하게 행사되어야 한다. 그런데 재정경제부가 제출한 자료를 보면, 계좌 추적이 너무 남발되고 있다는 인상을 지울 수 없다. 특히 계좌 추적 사실에 대한 통보 의무 규정마저도 잘 지켜지지 않고 있으니, 본인 동의도, 영장도, 심지어 사후 통보도 없는 계좌 추적이 우리가 모르는 사이에 수없이 횡행되고 있는 셈이니 눈앞이 아찔하다.

우리 헌법 제17조는 모든 국민이 사생활의 비밀과 자유, 즉 사생활권의 향유자임을 천명하고 있다. 개인의 금융 계좌는 비밀스러운 사생활의 영역이며, 따라서 금융 계좌에 기록된 개인의 금융 거래 정보는 일차적으로 사생활권에 의해 보호받을 수 있다. 물론, 우리 헌법 제37조 2항에 따라 공공복리 등 공익적 가치를 위해 국민의 기본권이 법률에 의해 제한받을 수는 있다. 따라서 금융 계좌에 대한 개인의 사생활권도 법률에 의한 제한 대상이 될 수 있다. 그러나 사생활권 제한은 모든 기본권의 제한이 그렇듯 부득이한 경우에 목적 달성에 필요한 한도 내에서 최소한으로만 이루어져야 한다. 그렇지 못한 사생활권 제한은 과도한 제한으로서 침해에 이르러 위헌이 되는 것이다.

지금 우리 현실에서 남용되고 있는 계좌 추적권을 국민 사생활권에 대한 부득이한 최소한의 제한이라 말할 사람이 누가 있을까. 금융 실명법 등에 계좌 추적권의 법적 근거는 주어져 있지만 신중히 행사되지 못하고 있고, 계좌 추적 사실의 통보 의무 규정은 아예 지켜지지도 않고 있다. 사회 전반에 걸쳐, 심지어 국민들 사이에서도, 개인의 금융 계좌에 대한 사생활 보호 의식이 제대로 형성되어 있지 않아, 이것이 계좌 추적권의 남용을 부추기는 측면이 없지 않다.

이 기관 저 기관이 별 거리낌 없이 개인의 금융 계좌를 함부로 들춰보게 해서는 안 된다. 금융 실명법이 금융 거래에서 익명 거래나 허명 거래를 막고 '실명 거래'를 요구한다면 실명 거래되는 계좌에 대한 '비밀 보장'이 지켜져야 함은 당연한 이치다. 계좌 추적권은 국민의 사생활 보호라는 측면에서 좀 더 신중하게 행사되어야 한다. 계좌 추적권, 신중하게 잘 선용하면 약이지만 남용하면 독이다.

국가보안법 없애야 '법치 민주'가 성장한다

우리 사회에서 '국가보안법 폐지'는 아주 오래된 논란거리 중의 하나다. 이 말 많은 국가보안법에 대해 우리의 최고 사법 기관들인 헌법재판소와 대법원이 '여전한 남북 대치 상황'과 '국가 안보'를 이유로 합헌의 입장을 고수하고 있다. 그리고 아주 이례적으로 그들은 이러한 합헌 입장이 국회의 '국가보안법 존폐' 논의에 반영되기를 원한다는 암시까지 판결문에 실었다.

헌법재판소는 1990년에 국가보안법상의 대표적 악법 조항인 제7조 찬양·고무죄 규정에 대해 "국가의 존립·안전이나 자유 민주적 기본 질서에 실질적 해악을 끼칠 명백한 위험성이 있는" 찬양·고무 행위 등만 처벌한다면 합헌이라는 한정 합헌 결정(국가보안법상의 찬양·고무죄 사건, 헌재 1990. 4. 2. 89헌가113)을 내렸다. 국회가 곧 이 결정의 취지를 받아들여 헌법재판소의 결정 약 1년 후 같은 조항에 "국가의 존립·안전이나 자유 민주적 기본 질서를 위태롭게 한다는 점을 알면서"라는 주관적 요소를 삽입했다. 추가한 내용을 주된 이유로 헌법재판소는 다섯 차례의 합헌 결정을 통해 동 조항의 정당성을 일관되게 주장해오고 있으며 대법원도 같은 입장에 서 있다. 그러나 이렇게 첨가된 주관적 요소는 실제 재판에서는 거의 무용지물에 가깝다. 대법원은 이러한 주관적 요소가 적극적인 의지나 확정적인 인식일 필요 없이 '미필적 인식'만으로 족하다고 봄으로써, 고의가 없었음을 적극적으로 입증하지 못하는 대부분의 피고들에게 유죄를 선언하고 있기 때문이다.

수정 전 국가보안법 제7조 제1항 : "반국가단체나 그 구성원 또는 그 지령을 받은 자의 활동을 찬양·고무 또는 이에 동조하거나 기타의 방법으로 반국가단체를 이롭게 한 자는 7년 이하의 징역에 처한다."

1991년 수정된 국가보안법 제7조 제1항 : "국가의 존립·안전이나 자유 민주적 기본질서를 위태롭게 한다는 점을 알면서 반국가단체나 그 구성원 또는 그 지령을 받은 자의 활동을 찬양·고무·선전 또는 이에 동조하거나 국가변란을 선전·선동한 자는 7년 이하의 징역에 처한다."

그동안 사법 소극주의 경향을 강하게 드러내며 해야 할 말까지 아끼던 대법원이 이례적으로 국가보안법 존속 여부에 대해서는 가치 판단을 하고 나온 부분에도 법 논리상 문제가 많다. 사법적 판단의 결론은 재판에 제출된 구체적 증거를 기초로 내려져야 한다. 그러나 대법원이 국가보안법 존속의 핵심 이유로 든 '북한의 남침과 그에 따른 국가 안보 위협'은 구체적인 증거라고 할 수 없다. 사법적 판단이 단지 침략 가능성이나 이에 대한 막연한 국민의 불안에만 기대고 있다면, 그것은 정치인의 유세 연설에 불과하다.

　　국가보안법은 추상적이고 애매모호한 규정으로 국민의 표현의

2004년 아테네 올림픽 유도 은메달리스트인 계순희 선수. 북한 선수를 응원하면 국가보안법을 위반하는 것인가?

자유, 학문·예술의 자유, 양심·사상의 자유를 침해해온 대표적 악법이다. 예를 들어, 2004년 아테네 올림픽에서 유도 부문에 출전해 은메달을 목에 건 북한의 계순희 선수를 응원하고 칭찬하며 동포애를 표현했던 사람들도, 찬양·고무죄 규정을 파행적으로 운용한다면 반국가단체 구성원의 활동을 찬양·고무한 것이 되어 처벌받을 수도 있기 때문이다. 국가보안법은 이제 시대 변화에도 맞지 않는다. 인터넷의 발달로 공간을 초월해 휴전선 너머로까지 의사 교환의 통로가 열려, 제8조 회합·통신죄도 거의 사문화되어버렸기 때문이다. 국가보안법 제8조는 제1항에서 "국가의 존립·안전이나 자유 민주적 기본질서를 위태롭게 한다는 점을 알면서 반국가단체의 구성원 또는 그 지령을 받은 자와 회합·통신 기타의 방법으로 연락을 한 자는 10년 이하의 징역에 처한다"고

하여 북한 주민 등과 회합하거나 통신을 주고받는 것을 금지·처벌하고 있다. 하지만 눈부신 인터넷의 발달로 사실상 북한 주민 등과의 '통신'을 완벽하게 규제할 수 없게 되었다. 과거 집권 세력이 국가보안법을 정적을 제거하는 수단으로 악용한 사례가 많았다는 사실도 지적하고 싶다. 국가보안법이 그 끈질긴 생명력을 이어가는 한 앞으로의 정권에서 또다시 악용하지 않으리라는 보장이 없다.

이제 우리 국민들의 민주의식은 많이 높아졌다. 북한의 체제보다 우리의 민주주의 체제가 우월하다는 점에 대해 자신감을 가져도 될 시점인 것 같다. 이제 이 땅에 북한 체제가 우월하다는 말에 동의하고 이에 현혹될 국민이 몇이나 있을까? 우리의 값진 민주적 체제를 부정하고 갖가지 방법으로 북한에 조력해야 한다는 선동에 현혹될 국민이 몇이나 있을까? 혹 있다 해도 이러한 체제 부정 행위에 대해서는 형법상의 내란죄, 외환죄, 이적죄 규정 등을 보완하여 대처하면 된다. 6·25전쟁의 뼈아픈 경험 직후에 한시적 입법의 하나로 제정되었던 국가보안법이 국민의 여러 기본권을 침해하며 선량한 국민을 반역자로 모는 악습을 이제는 끊어내야 한다. 국가보안법의 폐지 여부는 훗날 우리 후손들이 이 땅의 민주주의가 얼마나 건강하고 성숙했는지를 판단하는 척도가 될 것이라 믿는다.

몽테스키외와 권력의 분립

"각 나라에는 세 가지 종류의 권력이 있다. 입법권 및 만민법과 관련한 사항을 집행하는 권한, 시민권과 관련한 사항을 집행하는 권한이 그것이다.

첫 번째 권력에 따라 군주와 행정관은 일시적이거나 항구적인 법을 만들고, 만들어진 법을 개정하거나 폐지한다. 두 번째 권력에 따라 강화(講和)하기도 하고 전쟁을 수행하기도 하며 대사를 파견하거나 맞이하며 안보를 수립하고 침공에 대비한다. 세 번째 권력에 따라 범법자를 처벌하고 개인 간의 분쟁을 해결한다. 마지막 것을 간단히 재판권이라 부르고 다른 것을 국가의 집행권이라 부른다.

시민에게 정치적 자유란 각자가 자신의 안전에 대한 권리를 갖는다는 생각에서 유래하는 정신적 안정이다. 그리고 시민이 이러한 자유를 갖게 하기 위해서 정부는 한 시민이 다른 시민을 두려워하지 않도록 보장해주어야 한다.

동일한 사람 또는 동일한 관리 집단의 수중에 입법권과 집행권이 한데 모일 때 자유는 존재하지 않는다. 왜냐하면 같은 군주 또는 같은 원로원이 법을 독재적으로 집행하기 위해 독재적인 법을 만들 염려가 있기 때문이다.

재판권이 입법권과 집행권으로 분리되어 있지 않은 경우에도 역시 자유는 존재하지 않는다. 재판권이 입법권과 결합하게 되면 시민의 생명과 자유에 대한 권력은 자의적인 것이 될 것이다. 왜냐하면 재판관이 입법자가 되기 때문이다. (또한) 재판권이 집행권과 결합하게 되면 재판관은 압제자의 힘을 갖게 될 것이다.

동일한 사람이나 동일한 제후 혹은 귀족이나 인민 집단이 이 세 가지 권력, 즉 법을 제정하는 권력, 공적인 결의를 집행하는 권력, 그리고 범죄나 개인 간의 분쟁을 판단하는 권력 등을 모두 행사한다면 모든 것을 잃게 될 것이다."

— 몽테스키외,《법의 정신》, 고봉만 옮김(책세상, 2006), 65~66쪽

제3장　　　　# 만인은 법 앞에 평등하다?

1. 차별의 역사와 인권

인류의 역사는 '차별의 역사'이기도 하다. 고대부터 사람을 시민과 노예로 나누어 차별했고, 중세에는 귀족과 농노로, 근대에도 일정한 재산과 교양을 가진 부르주아와 그렇지 못한 빈민을 차별했다. 선거권은 부르주아에게만 주어졌고, 빈민과 여성에게까지 선거권이 부여되어 정치적 차별이 일소되기까지는 많은 시간이 필요했다. 우리가 주목해야 할 평등권은 바로 모든 인간이 인간으로 태어난 이상 이처럼 부당한 차별을 받지 않고 존엄한 인격체로서 존중받을 권리를 가진다는 내용의 인권이다.

그러나 '차별classification'이라고 해서 모두 평등권을 침해하는 것은 아니다. 오직 부당한 차별, 즉 합리적 기준 없는 차별만 평등권을 침해한다. '절대적 평등설'을 따르던 과거에는 어떠한 차별도 용납하지 않고 차별만 있으면 평등권 침해로 간주하기도 했다. 하지만 이제는 '같은 것은 같게, 다른 것은 다르게' 대우하는 '상대적 평등설'이 지배적 학설이 되었다. 합리적 기준 없는 자의적 차별, 부당한 차별만 평등권을 침해하는 차별이라고 보는 판례들이 국내외에서 널리 나타나고 있다. 즉, 평등권이라는 인권은 어떤 차별도 받지 않을 권리가 아니라, 합리적 기준 없는 부당한 차별을 받지 않을 권리다.

사실 '평등'은 가장 미국적인 주제라고 할 수 있다. 미국은 종교 박해와 각종 부당한 차별이 싫어서 목숨을 걸고 대서양을 건넌

사람들이 이룩한 다민족 국가이기 때문이다. 미국의 평등사상은 일찍이 미국 건국의 대표 문서인 독립선언에 나타났고, 남북전쟁 직후인 1868년에는 미국 연방 개정 헌법 제14조에 규정되어 헌법재판에서 가장 자주 인용되는 중요한 조항의 하나로 발전해나갔다. 이와 함께 평등 조항에 관한 법리가 정교하고 치밀하게 본격적으로 발전하기 시작했음은 물론이다. 독일 등 다른 나라에서 평등 조항이 헌법에 본격적으로 출현하기 시작한 것은 그 이후의 일이다.

우리 헌법도 제11조에서 '법 앞의 평등'을 우리 헌법의 최고 원리인 근본 규범의 하나로 규정한 이후, 제31조 제1항(교육), 제32조 제4항(근로), 제36조 제1항(혼인과 가족생활), 제41조 제1항과 제67조 제1항(선거), 제123조 제2항(지역 경제)에서 개별적 평등권 조항들을 추가로 헌법전에 들여놓으면서 평등권은 우리 헌법상의 중요한 포괄적 기본권 중의 하나로 자리매김했다.

그런데 근대를 거쳐 현대에 접어들면서 이 평등사상은 성격이 달라지고 있고, 헌법상의 평등 조항에 대한 각국의 해석도 바뀌어가고 있다. 과거 근대의 평등사상이 자유를 골고루 향유하기 위한 '자유의 평등'과 주로 정치 영역에서의 '정치적 평등'을 의미하면서 모두에게 동일한 기회를 제공할 것을 뜻하는 '형식적 평등'의 법리였다면, 현대의 평등은 국민의 생존과 관련한 '생존의 평등', '경제적·사회적 평등'을 추구하면서 결과적인 평등까지 포함하는 '실질적 평등'의 법리로 전개된 것이다. 즉, 근대 시민사회의 사회경제적 불평등 구조 아래서 형식적 평등은 사실상 출발점

미국 연방 개정 헌법 제14조의 끝부분에는 적법 절차 조항 다음으로 평등 보호 조항(우리로 치면 평등권 조항)이 규정되어 있다. "어떠한 주(州)도 그 관할권 내에 있는 어떠한 사람에 대해 법률에 의한 평등한 보호를 거부하지 못한다"는 조항이 그것이다.

이 다른 이들에게 추상적 평등만을 강조함으로써 실질적으로는 불평등을 고착화했고, 이에 대한 반성으로 사회적·경제적 약자들에게는 결과적 빈곤을 벗어날 수 있는 적극적인 우대가 주어져야만 실질적으로 결과적 평등이 실현될 수 있다는 사상이 탄생하고 발전한 것이다.

2. 성별에 따른 차별과 법의 대처

여러 가지 차별 중에서도 가장 오래 이어져 내려온 것으로 성별에 따른 차별을 꼽을 수 있다. 한 예로, 지금은 여성도 각종 선거에서 투표를 할 수 있고 출마도 할 수 있지만, 여성에게 선거권이 주어진 것은 선진국들에서도 20세기 초반의 일이었다.

우리 헌법은 성별 간 평등을 위해 제11조 제1항에 평등 원칙과 평등권을 규정하면서 성별, 종교, 사회적 신분에 의한 차별을 명문 규정을 통해 금지했다. 물론 그 이외에도 학력, 건강, 정치 성향, 연령, 출신 지역, 인종, 언어 등에 의한 차별도 금지했지만, 성별, 종교, 사회적 신분은 차별 금지의 사유로 예시하여 강조한 것이다.

헌법재판소는 1999년 제대군인가산점제에 대한 위헌 결정을 통해 이 점을 분명히 했다. 7급 또는 9급 국가공무원 공개경쟁 채용 시험을 준비하던 여대생들과 신체장애인 남성이 이 규정이 자신들의 헌법상 보장된 평등권, 공무담임권, 직업 선택의 자유를

우리 헌법 제11조 제1항은 "모든 국민은 법 앞에 평등하다. 누구든지 성별·종교 또는 사회적 신분에 의하여 정치적·경제적·사회적·문화적 생활의 모든 영역에 있어서 차별을 받지 아니한다"고 규정하고 있다.

헌재 1999. 12. 23. 98헌마363. 제대군인 지원에 관한 법률 제8조와 그 시행령 제9조는 제대군인의 군 봉사에 대한 보상을 위해 제대군인이 6급 이하의 공무원 또는 공·사기업체의 채용 시험에 응시한 때에 필기시험의 각 과목별 득점에 각 과목별 만점의 5퍼센트 또는 3퍼센트를 가산하도록 규정하고 있었다.

국민이 나라의 공무를 맡아볼 수 있는 참정권. 국민 누구나 법률이 정하는 바에 따라 국가 기관원의 자격으로 공무를 맡을 수 있는 권리로서, 공직 피선거권, 공무원의 피임권(被任權) 등이 있다.

침해한다고 주장하면서 헌법 소원을 제기한 것이 발단이었다. 헌법재판소는 만장일치의 위헌 결정을 통해 제대군인가산점제 규정이 제대군인이 아닌 여성과 신체장애 남성들은 사실상 과목당 만점을 받고도 6급 이하 공무원으로 진출할 수 없게 하는 결과를 초래함으로써, 청구인들의 평등권과 공무담임권을 과잉하게 제한해 위헌이라고 판시했다. 그리고 여기서 한 발 더 나아가 헌법이 규정한 '성별, 종교, 사회적 신분'에 의한 차별은 강한 위헌의 추정을 받기 때문에 다른 차별 금지 사유보다 위헌 심사에 있어 더 엄격한 기준의 적용을 받는 엄격 심사 대상이 된다고 판시했다. 결국 제대군인가산점제가 대부분 남성으로 구성된 제대군인과 여성을 차별하는 남녀 차별에 해당하고 이 차별이 과잉한 것이어서 위헌이라고 판시한 것이다.

성차별과 제대군인 우대 제도

제대군인의 취업에 특혜를 주는 규정은 미국에서도 문제가 되었다. 우선 미국 연방 대법원이 확립한 평등 심사의 3단계 기준이 무엇인지 알아보자. 미국 연방 대법원은 일찍이 평등 심사의 기준으로 가장 엄격한 '엄격 심사', 덜 엄격한 '중간 수준 심사', 가장 완화된 '단순 합리성 심사'라는 세 기준을 발전시켜왔다. 인종이나 국적을 사유로 하는 등의 차별에는 엄격 심사가 적용된다. '위헌 의심이 가는 차별'로 취급되어 '긴절한compelling 정부 이익을 촉진하기 위해 필요한 경우'임을 정부가 입증하지 못하는 한, 이때의 차별은 위헌 결정을 피해 갈 수 없다. 과세 등 각종 경제적·

사회적 규제 입법상의 차별에는 단순 합리성 심사가 적용된다. '법률이 갖추어야 할 최소한의 합리성도 갖추지 못했'음을 위헌을 주장하는 국민이 입증해내야만 위헌이고 대개의 경우 합헌으로 결론이 난다. 가장 나중에 형성된 기준인 중간 수준 심사는 '반쯤 위헌 의심이 가는 차별'이 적용된다. '그 차별이 중요한 정부 목적에 실질적으로 연관되는 경우'에만 합헌 결정을 받을 수 있는 중간 난이도의 심사 기준이다.

　과거 미국에서 성차별은 부당한 차별이 아니라 '합리적' 차별로 여겨졌기 때문에 미국 연방 대법원은 오랫동안 개정 헌법 제14조 평등 조항이 성차별을 금지하는 것으로 해석하지 않았고, 성차별을 평등 심사할 때 가장 낮은 기준인 단순 합리성 심사 기준을 적용했다. 1948년의 고새르트 대 클리어리Goesaert v. Cleary 판결 (335 U.S. 464)에서 미국 연방 대법원이 허가받은 주점 소유자의 아내나 딸이 아니면 여자는 바텐더를 할 수 없다는 미시간 주의 주 법을 합리적 차별이라는 이유로 합헌 결정한 것도 그런 맥락이었다. 그러다 1971년의 리드 대 리드Reed v. Reed 판결(404 U.S. 71)부터는 성차별에 좀 더 높은 심사 기준인 중간 수준 심사를 적용하기 시작했고, 동산 관리자직에 같은 자격의 여성보다 남성을 우대하는 주 법에 위헌 판결이 내려졌다. 그 후 1973년의 프론티에로 대 리처드슨Frontiero v. Richardson 판결(411 U.S. 677)에서는 대법원이 성차별에 엄격 심사의 기준을 적용하려는 시도를 하기도 했지만, 결국 성차별은 판례가 거듭되는 동안 혼인 외 출생자냐 아니냐에 따른 차별과 함께 중간 수준 심사의 적용을 받는 차별의 사유로 굳어졌다.

1979년의 매사추세츠 인사행정처 대 피니Personal Administrator of Massachusetts v. Feeney 판결(442 U.S. 256)은 제대군인에 대한 공직 채용 특혜가 성차별에 해당하는가를 다룬 판결로 유명하다. 매사추세츠 주 법에는 공무원을 채용할 때 제대군인과 제대군인이 아닌 지원자의 조건이 비슷하면 제대군인을 우선 채용하도록 하는 규정이 있었다. 주공무원 공개채용 시험에 여러 번 응시했던 피니라는 여성은 최고점을 받는 등 좋은 성적을 거두었지만 합격선을 넘은 사람들 중에서 제대군인을 우선 뽑고 남은 자리를

비제대군인 중에서 선발하기로 정한 주 법에 따라 자기보다 점수가 낮은 제대군인에게 밀려 매번 불합격의 고배를 마셔야 했다. 당시 매사추세츠 주 주민의 4분의 1 이상이 제대군인이었고 제대군인의 98퍼센트 이상이 남자였으며 여자는 겨우 2퍼센트에 불과했다. 이에 피니는 주공무원직 채용 시 제대군인을 우선하는 처우가 남성을 여성보다 우대하는 것이고 따라서 헌법상의 평등 조항에 위배된다고 주장하면서 소송을 제기했다.

이 사건은 하급심 법원을 거쳐 연방 대법원으로 올라갔고, 차별 목적을 입증하지 못하는 한 해당 법률이 헌법상의 평등 조항에 위배되지 않는다는 합헌 결정이 내려졌다. 연방 대법원이 제시한 이유는 다음과 같다.

제대군인 공무원 취업 특혜는 군에서 봉사하며 희생한 데 대한 보상으로 고안된 조치라는 점에서 정당화될 수 있다. 물론 대부분의 제대군인이 남성이라는 사실은 제대군인에 대한 특혜가 여성에 대해 불이익으로 작용했다는 것을 의미한다. 그러나 이 법은 문면상(文面上)으로는 '성 중립적gender-neutral'이다. 매사추세츠 주가 소수의 여성이 제대군인 때문에 불이익을 얻게 하는 차별적 연방 법률을 고의적으로 주 법으로 구체화했다는 주장이 피니가 제기한 소송의 핵심적인 내용이었다. 법이 제정될 때부터 이러한 결과를 충분히 예상할 수 있었겠지만, 평등 조항에 위배되기 위해서는 차별적 결과를 단순히 예견하는 것을 넘어서는 더 많은 차별적 의도가 요구된다. 성에 따른 차별의 목적을 입증하지 못하면 주로 남성들로 구성된 집단에게 공무원직 채용 특혜를 주는 법률은 헌법상의 평등 조항에 위배되지 않는다. 피니는 그러한 목적을 입증하는 데 실패했다.

성차별에 있어 차별 효과는 차별 목적의 한 증거가 될 수는 있지만, 차별 효과가 있다고 해서 중간 수준 심사가 행해지지는 않는다. 성에 따라 차별하려는 정부의 고의성이나 목적이 확인되어야만 단순 합리성 심사가 아닌 중간 수준 심사가 이루어진다. 피니 사건에 대해 미국 연방 대법원은 제대군인에 대한 공직 채용 특혜를 규정한 주 법이 사실상 여성을 차별하는 효과는 가지지만, 이 차별의 목적은 제대군인의 군 생활 동안의 봉사에 대한 보상에 있지 여성에 대한 차별에 있지는 않다고 보았다. 따라서 이 주 법에 대한 위헌 심사는 중간 수준 심사가 적용되는 성차별이 아니기 때문에 단순 합리성 심사를 적용했다. 그리고 단순 합리성 심사 결과 이 차별은 제대군인에 대한 보상이라는 목적에 합리적으로 연관되어 있었으므로 합헌 판결을 받았다.

이 판결은 우리 헌법재판소의 제대군인가산점제 위헌 결정과 사실 관계가 매우 유사하다. 그러나 결론은 정반대다. 우리는 과목당 만점의 3~5퍼센트 범위 내에서 제대군인에게 가산점을 주는 이 제도가 성별에 따른 부당한 차별로 평등권을 과잉 금지 원칙에 위배되게 제한한다고 보고 위헌 결정을 내렸지만, 미국 연방 대법원은 제대군인의 공무원 우선 채용 제도가 성차별에 해당하지 않는다며 합헌 결정을 내린 것이다. 가장 큰 차이점은, 미국에서는 중간 수준 심사가 적용되는 성차별이 되기 위해서는 여성 공무원 합격자 수가 적다는 '차별 결과'가 아니라 여성을 차별하 겠다는 입법부의 '차별 목적'이 인정되어야 한다고 본 반면에, 우리는 '여성의 합격자 수가 극히 적고 심한 경우 만점을 받고도 불합격할 수 있다'는 사실상의 차별 결과만으로도 이를 성차별로 볼 수 있다고 판단했다는 점이다. 또한 우리는 헌법 제11조가 '사회적 신분', '종교'와 함께 '성별'을 차별 금지 사유로 규정하고 있다는 이유로 이 사안에서 엄격 심사를 적용하여 평등권 침해 결정을 내렸다.

유사 사안을 놓고도 이렇게 헌법적 판단이 다를 수 있다. 헌법 재판은 재판관들의 인생관과 세계관이 녹아 들어간 논리와 설득력의 싸움이지 정답이 정해져 있는 객관식 문항이 아니기 때문이다. 그래서 시대와 사회에 따라 같은 평등 조항도 얼마든지 달리 적용될 수 있으며, 바로 이 점에 비교 헌법학의 참된 묘미가 존재한다.

3. 사회적 신분, 종교에 따른 차별과 법의 대처

우리 헌법은 '사회적 신분'에 의한 차별도 금지하고 있다. 이때 '사회적 신분'은 귀족이나 부모 자식 관계 등과 같이 출생과 함께 고정되는 선천적 신분과 전과자, 공무원 등 후천적으로 사회에서 장기간 점하고 있는 지위도 포함한다.

우리 헌법재판소는 '사회적 신분'에 따른 차별을 규정하고 있는 형법 제35조에 대해 그 위헌 여부를 심사한 적이 있다. 형법 제35조는 "금고 이상의 형을 받아 그 집행을 종료하거나 면제를 받은 후 3년 내에 금고 이상에 해당하는 죄를 범한 자는 누범으로 처벌한다"고 밝히고, 이때 "누범의 형은 그 죄에 정한 형의 장기의 2배까지 가중한다"고 규정하고 있다. 예를 들어 법정에서 선서를 한 증인 갑이 허위 진술을 한 죄로 1년의 징역형을 선고받고 1년의 옥살이 끝에 출소했는데, 2년 뒤에 직무를 집행하는 공무원을 폭행해 형법 제136조에서 최고형이 5년으로 규정되어 있는 공무

집행방해죄를 범했다면, 갑은 최고 10년의 징역형에 처해질 수 있는 것이다.

누범, 즉 전과자라는 사회적 신분을 가진 특정한 사람들에게 형량을 가중하는 이 조항에 대해 헌법재판소는 평등권 침해가 아니라며 합헌이라고 판시했다. 평등권 침해는 어떤 집단이나 개인을 다른 집단이나 개인에 비해 단지 차별하는 것만으로는 성립되지 않고, 그 차별에 합리적 근거나 합리적 기준이 없어야 한다. 헌법재판소는 누범은 앞선 범죄에 대한 형벌의 경고성 기능을 무시하고 다시 죄를 저질렀다는 점에서 비난 가능성이 크고, 누범을 가중하여 처벌하는 것은 사회 방위, 범죄 예방, 질서 유지를 위한 적정한 수단이므로 이때의 차별은 합리적이고 근거 있는 차별이라고 보았다.

'종교'에 의한 차별도 헌법이 명문 규정을 통해 금지하고 있기 때문에 국가 기관과 사기업은 특정 종교를 신봉할 것을 취업 조건이나 계속 재직 조건으로 요구할 수 없다. 신앙의 자유를 침해하고 종교상의 차별로 인해 평등권을 침해하는 것이 될 수 있기 때문이다. 학생들이 지원해서 입학한 학교가 아닌데도 그 학교에서 특정 종교 교육에 참여할 것을 강제한다거나 특정 종교 과목의 이수를 졸업 요건 등으로 강요한다면 이는 소속 학생들의 신앙의 자유를 침해하고 종교를 차별해 평등권을 침해한 것으로 간주될 수 있다. 추첨 배정으로 학생을 선발하는 중고등학교는 정치와 종교 분리의 원칙에 따라 국공립 학교든 사립 학교든 특정 종교 교육이나 행사 참여를 강제해서는 안 된다.

4. 피부색에 따른 차별과 법의 대처

우리나라는 오랫동안 단일 민족 국가였기에 인종 차별이 거의 발생하지 않았다. 그런데 요즘에 와서 외국인 노동자 유입이 폭증하고 국제결혼 빈도가 늘어나는 등 우리나라에 정착하는 외국인이 늘어나면서 인종 차별이 새로운 문제로 부각되고 있으며, 앞으로 이 문제는 더 큰 사회적 문제가 될 전망이다.

인종 차별은 흑인 노예 제도를 기반으로 경제적 부흥을 이룬 미국에서는 오랜 기간 문제가 되어온 사안이므로 미국을 중심으로 이 문제를 살펴보려 한다. 영국에 귀속되어 있던 미국이 독립하여 새 국가를 건국하던 시기까지도 아프리카 흑인은 노예로 취급되었을 뿐, 존엄성을 가진 인간으로 대우받지 못하고 있었다.

'분리하되 평등' 원칙의 성립

미국 연방 개정 헌법 제14조는 꽤 길고 중요한 조항으로, 제1항의 끝 부분에 적법 절차 조항과 평등 조항 같은 중요한 조항들이 자리 잡고 있어 빛을 발한다. 그중 평등 조항은 노예 제도 등을 둘러싸고 대립하던 미국 남부와 북부 사이에 정치적·경제적 갈등이 폭발해 1861년부터 1865년까지 5년간 남북전쟁이 벌어진 직후인 1868년에 헌법에 들어온 것이다. 1865년 개정으로 헌법에 들어온 노예제 폐지에 관한 개정 헌법 제13조, 흑인의 투표권 보장에 관한 1870년의 개정 헌법 제15조와 더불어 미국 헌법에 입성한 이 세 조항의 주된 목적은 미국 사회에서 대대로 부당한

미국 개정 헌법 제14조 제1항은 국적, 시민의 특권과 면책권, 적법 절차, 평등권에 관한 규정으로 "합중국에서 출생 또는 귀화하고 합중국의 관할권에 속하는 모든 사람은 합중국 및 그 거주하는 주의 시민이다. 어떠한 주도 합중국 시민의 특권과 면책권을 박탈하는 법률을 제정하거나 시행할 수 없다. 어떠한 주도 정당한 법의 절차에 의하지 않고는 어떠한 사람으로부터도 생명, 자유 또는 재산을 박탈할 수 없으며, 그 관할권 내에 있는 어떠한 사람에 대하여도 법률에 의한 평등한 보호를 거부하지 못한다"고 규정하고 있다. 여기서 마지막 문장이 바로 평등 조항이다.

차별을 받아온 흑인들의 자유와 평등 보호를 특별히 보장하기 위한 것이었다.

1896년에 선고된 플레시 대 퍼거슨Plessy v. Ferguson 판결(163 U.S. 537)은 당시의 미국 연방 대법원이 이 새로운 흑인 인권 규정들의 적용에 어떤 태도를 견지하고 있었는지를 극명하게 보여준다. 남북전쟁 이후인 1890년에 제정된 루이지애나 주 법은 승객을 운송하는 철도 회사로 하여금 백인 전용 열차 칸과 흑인 등 유색 인종이 이용하는 열차 칸을 따로 만들어 운용하도록 했다. 어느 칸이든 이용 요금은 동일했으므로 '분리하되 평등한separate but equal' 조건이었다. 흑인이 백인 열차 칸에 탑승하거나 백인이 유색 인종 열차 칸에 자리를 잡는 등 자기가 속한 인종에 맞지 않는 열차 칸에 탑승한 승객에게는 차장이 규정에 맞는 칸으로 옮겨 가라고 명령을 내릴 수 있었다. 만약 승객이 응하지 않으면 체포해 벌금을 물리거나 구금할 수도 있었다.

이러한 주 법에 반기를 든 흑인 민권 운동가들의 주도로 여러 차례, 여러 곳에서 다양한 형태의 시민 불복종 운동이 전개되던 중 사건이 발생했다. 플레시Plessy는 8분의 7은 백인 혈통을, 8분의 1은 흑인 혈통을 지닌 피부색이 하얀 혼혈인이었는데, 백인 칸에 앉아 있다가 적발되었다. 유색 인종 칸으로 자리를 옮기라는 차장의 명령을 거부해 기소된 그는 1심에서 유죄 판결이 내려지자 열차 칸의 인종 분리는 흑인들에게 오명을 씌우고 그들의 마음에 '열등의 징표badge of inferiority'를 각인시키므로 개정 헌법 제13조와 제14조에 위배된다고 주장하면서 항소했다. 그러나

미국 개정 헌법 제13조의 노예제 폐지에 관한 제1항은 "노예 또는 강제 노역은 당사자가 정당하게 유죄 판결을 받은 범죄에 대한 처벌이 아니면 합중국 또는 그 관할에 속하는 어느 장소에서도 존재할 수 없다"고 규정하고 있고, 이에 대한 연방 의회의 입법권을 규정한 제2항은 "연방 의회는 적당한 입법에 의하여 본 조의 규정을 시행할 권한을 가진다"고 규정하고 있다.

미국 개정 헌법 제15조 제1항은 "합중국 시민의 투표권은 인종, 피부색 또는 과거의 예속 상태로 해서, 합중국이나 주에 의하여 거부되거나 제한되지 않는다"고 규정하고 있고, 제2항은 "연방 의회는 적당한 입법에 의하여 본 조의 규정을 시행할 권한을 가진다"고 규정해 이에 대한 연방 의회의 입법권을 명시하고 있다.

'분리하되 평등한Separate but equal'

1심 법원은 열차 칸 인종 분리를 규정한 루이지애나 주 법은 루이지애나 주의 관습, 관행, 전통에 근거한 주 경찰권(警察權)의 합리적 행사의 하나일 뿐이라고 정당화하며 플레시에게 유죄를 선고했다.

브라운 대법관이 작성한 연방 대법원 다수 의견도 다르지 않았다. 인종에 따라 열차 칸을 구분하더라도 '분리하되 평등'하다면 평등권을 침해하지 않고 평등 조항에 위배되지 않는다고 보고 루이지애나 주 법을 합헌이라고 판시한 것이다. 즉, 1심 때처럼 연방 대법원도 인종에 따른 열차 칸 분리 수용을 주 경찰권의 합헌적이고 유효한 행사로 보았다. 개정 헌법 제14조의 평등 조항에 위반하는지 아닌지는 '합리적 차별' 여부에 달려 있고, 다시 합리적 차별인지 판단하기 위해서는 해당 주의 관습, 관행, 전통을 고려해야 하며, 만약 인종에 따른 열차 칸 분리가 주에서 확립된 관습, 관행, 전통이라면 그 주의 공공의 평화와 질서 유지를 위한 합리적 차별이므로 지속될 수 있다는 논리다. 실제로 분리 수용을 지지하는 각종 법원 판결이 그전부터 계속해서 내려졌다는 점도 강조되었다. 결국 연방 대법원은 인종에 따른 열차 칸 분리 수용은 개정 헌법 제13조가 금하는 '노예제'의 징표가 아니며 개정 헌법 제14조에 위배되지도 않는다고 보고 플레시에 대한 하급심의 유죄 판결을 그대로 유지했다.

사실 만장일치는 아니었던 이 판결은 할랜John Harlan 대법관이 첨부한 반대 의견으로 유명하다. 간명한 문장으로 서술된 그의 글은 이후 후속 판결들에서 자주 논의되었다. 할랜 대법관은 인종에 따른 열차 칸 분리 수용을 내용으로 하는 루이지애나 주법이 다른 사람들과 자유롭게 교섭하려는 개인의 자유를 침해한다고 결론지었다. 흑인들은 종속적이거나 열등하지 않고 그들도 미국 시민으로서 다른 미국 시민들이 누리는 모든 특권을 누릴 자격이 있는데, 그 규정이 이러한 특권과 자유를 침해한다는 것이었다.

'분리하되 평등의 원칙Separate but Equal Doctrine'을 확립한 플레시 판결은 남북전쟁 후의 각종 인종 차별 금지 조항을 무시한 보수적 판결로 많은 비판을 받았지만 58년이라는 긴 세월 동안 굳건한 선판례로서 미국 사회 전체를 지배했다.

 다수 의견이란 9인의 미국 연방 대법관 중 과반수인 5인 이상의 '다수'가 낸 의견을 말한다. 미국 연방 대법원에서는 이 다수 의견이 대법원의 의견, 즉 법정 의견이 된다. 이에 비해 우리나라는 헌법 제113조 제1항에서 "헌법재판소에서 법률의 위헌 결정, 탄핵의 결정, 정당해산의 결정 또는 헌법소원에 관한 인용 결정을 할 때에는 재판관 6인 이상의 찬성이 있어야 한다"고 규정함으로써 위헌 결정을 내리려면 단순 과반인 5인 이상이 아니라 6인 이상이 위헌 의견을 낼 것을 요구하고 있다. 따라서, 우리 헌법재판소에서는 5인의 헌법재판관이 위헌이라 하고 4인의 헌법재판관이 합헌이라고 하면 위헌 의견이 다수 의견이지만 법정 의견이 못 되고, 합헌 의견이 법정 의견이 된다.

할랜 대법관

이 판결이 평등 조항에 위배되는지 아닌지를 따지기 위해 당시 루이지애나 주의 관습과 관행, 즉 관습 헌법을 고려해 합리적 차별 여부를 판단했다는 점은 주목할 필요가 있다. 원래 평등이라는 개념 자체가 합리적 이유가 있는 차별은 용인하고 합리적 이유가 없는 차별만을 침해로 간주하기 때문에 '차별의 합리성' 여부가 평등 판단의 관건이다. 그런데 차별의 합리성은 그 자체가 또 다른 가치 판단을 필요로 하기 때문에 시대의 보편적 정의에 따라 가변적으로 결정된다. 즉, 똑같은 법조문이라 하더라도 시대와 사회에 따라 위헌·합헌 여부가 달라질 수 있는 것이다. 평등 판단의 기준이 되는 차별의 합리성의 이러한 가변성과 추상성 때문에 미국 법원들은 평등 심사에 플레시 판결처럼 관습 헌법을 곧잘 인용하곤 했다.

우리 헌법재판소도 2004년 10월 21일, 신행정수도 건설을 위한 특별법에 위헌 결정(2004 헌마 554)을 내리면서 관습 헌법을 위헌의 근거로 들었다. 그러나 우리 헌법재판소와 미국 연방 대법원이 관습 헌법을 사용하는 방식에는 명백한 차이가 존재한다. 미국 연방 대법원은 성문 헌법 규정의 해석과 판단에 그 시대와 사회의 관습이라는 관습 헌법을 부수적 근거로 사용해 제14조 평등 조항의 의미를 구체화하고 있지만, 우리 헌법재판소는 '대한민국의 수도는 서울'이라는 관습 헌법을 재판관들이 임의로 만들어, 기준이 되어야 할 성문 헌법 조항 없이 위헌의 유일한 근거로 제시했다. 우리 헌법재판소는 관습 헌법을 헌법 재판의 조연이 아니라 단독 주연 배우로 부상시킨 것이다.

'분리하되 평등' 원칙의 파기

플레시 판결에서 확립된 분리하되 평등의 원칙은 그 후 58년 동안 미국 사회 전체를 지배하는 대원칙으로 위세를 떨쳤다. 그러나 대단했던 이 원칙은 1954년 5월 17일에 브라운 대 토피카 교육위원회Brown v. Board of Education of Topeka 판결(347 U.S. 483)이 선고되면서 파기되었다. 우리나라에도 널리 알려진 이 브라운 판결은 연방 대법원에 올라온 캔자스 주, 사우스캐롤라이나 주, 버지니아 주, 델라웨어 주의 유사 사건들을 병합해 심리한 것이었다. 이 네 주는 흑인 학생과 백인 학생이 각각 따로 교육을 받도록 하고 있다가 인종을 차별했다는 평등권 침해 제소를 받았다.

이 중 특히 주목해야 할 사건이 캔자스 주에서 제기된 브라운 사건이다. 캔자스 주 법은 인구 만 오천 명 이상인 도시의 공립 학교는 흑인 학생과 백인 학생을 분리된 공간에서 가르치도록 규정하고 있었다. 그래서 캔자스 주의 토피카 시 교육위원회는 백인 학교와 흑인 학교를 따로 운영하여 교과 과정, 통학 교통수단, 학교 시설, 교사의 질, 교사의 봉급 등 '유형적 요소들'은 똑같지만 흑인과 백인이 같은 교실에서 수업을 듣는 것은 금지하고 있었다. 토피카 시의 흑인 학생 브라운 Linda Brown은 이 법 때문에 백인 초등학교 입학이 불허되어 흑인 초등학교에 다녀야 했다. 브라운을 비롯한 흑인 학생들이 이 법의 집행 금지를 요구하는 소송을 캔

왼쪽에서 세 번째가 린다 브라운. 사진 Carl Iwasaki/Time & Life/Getty

캔자스 주 토피카 시의 흑인 학
생 린다 브라운이 입학한 먼로
학교. 사진 Harold B. Wolfe

미국 연방헌법은 연방
대법원 대법관과 대법
원장을 상원의 동의를 얻어 대
통령이 임명하도록 하고 있다.
이때 상원은 동의를 하기 전에
대법관이나 대법원장 후보에
대해 청문회를 열어 철저한 검
증을 한다.

자스 주의 연방 지방법원에 제기했다. 연방
지방법원은 흑인 학교와 백인 학교가 유형
적 요소들이 평등하다는 이유로 원고 패소
판결을 내렸다. 이 사건은 상고로 연방 항
소법원을 거치지 않고 직접 연방 대법원으
로 올라갔다.

　　그런데 이 사건을 진행하던 빈슨 대법원
장이 심장마비로 갑작스럽게 죽고 말았다. 후임 대법원장을 두고
고민을 거듭하던 아이젠하워 대통령은 같은 공화당 출신의 캘리
포니아 주 주지사 워런Earl Warren을 대법원장에 임명했다. 열성
공화당원인 워런이 대법원장이 되면 자신의 보수적인 정책들을
지지해줄 것이라 기대했기 때문이다. 그러나 아이젠하워 대통령
의 기대는 착각이었음이 곧 드러났다. 워런은 대법원장이 되자
흑인, 여성 등 소수자의 인권을 제한하는 법률들과 피의자와 피
고인의 권리를 옥죄는 법 규정들에 과감하게 위헌 결정을 내리기
시작했다. 보수적인 정권에 대항해 국민 인권 보장을 위해서라면
적극적으로 위헌 판결을 내리는 사법 적극주의로 연방 대법원을
진보적으로 이끈 것이다. 오죽하면 아이젠하워 대통령이 퇴임 후
대통령 재직 시 가장 후회스러웠던 일로 워런을 대법원장에 임명
한 것을 꼽을 정도였다. 브라운 판결은 바로 사법 적극주의자 워
런의 등장을 알리는 신호탄이었다.

　　워런 대법원장이 집필한 만장일치 의견은 인종에만 근거한 공
립 학교의 아동 분리 교육은 유형적 요소가 평등하다 하더라도

'무형적 요소'에서 불평등하므로 미국 개정 헌법 제14조의 평등 조항에 위배되어 위헌이라고 판시했다. 흑인 학교와 백인 학교의 학교 시설, 교사의 수준, 교사의 급여 등 유형적 요소들이 평등하다고 해도, 흑인 아동들에게 해소되기 어려운 '열등 의식'을 심을 수 있으며, 이것이 학습 동기에 악영향을 끼쳐 정신적·교육적 발전을 저해할 수 있다고 주장했다. 더 나아가 흑인 학생과 백인 학생이 같은 학급에서 서로 토론하고 의견을 교환할 기회도 가질 수 없다는 것이 워런이 주장한 무형적 요소의 불평등이다. 이 판결로 교육의 영역에서 인종에 따른 분리는 설 자리를 잃게 되었다. 워런의 판결은 또한 인종에 따른 분리 자체를 불평등한 것으로 보았다. 일단 분리하면 그 자체가 평등권 침해로 위헌이라는 시각으로, '분리하되 평등' 원칙을 깨고 '분리하면 무조건 불평등'의 법리를 탄생시켰다.

아이젠하워

워런

브라운 판결은 이후 다른 인종별 분리 수용 정책에 대한 판결의 기준이 되었다. 브라운 판결은 그때까지 인종에 따라 분리해도 유형적 요소들이 평등하면 평등 조항에 위배되지 않는다고 스스로 위안하던 미국 사회에 엄청난 파급 효과를 불러왔다. '교육' 영역뿐만 아니라 버스, 기차, 공원, 여관, 식당, 골프장, 해변 위락 시설 같은 다른 공공 접객 시설에서 행해지던 인종 분리에도 브라운 판결에 근거해 무효 선언이 이어졌다. 하지만 보수적 백인들은 사법부에 반기를 들고 저항을 하기도 했다. 심지어 브라운 판결의 피고들조차 흑백 학교를 통합하지 않고 갖가지 핑계를 대며 흑백 분리 교육을 유지하려 했다. 약 1년 후인 1955년 5월 31일

미국 연방 대법원은 소위 '2차 브라운 판결'을 내렸다. 이 판결은
앞선 브라운 판결을 집행하고 감독할 수 있는 권한을 각 연방 지
방법원에 부여해 브라운 판결의 내용이 '여러 지역적 특수 사정
을 고려해 신중한 속도로' 실현될 수 있는 장치를 마련한 것이다.

　브라운 판결을 읽을 때마다 나는 흑인 아동이라는 소수자의 인
권 보호를 위해 미국 사회의 오랜 불문율에 과감히 맞선 워런 대
법원장을 떠올리면서 신선한 전율을 느낀다. 분리하되 다른 유형
적 요소들이 평등하면 평등한 것이라 우기던 보수적 백인들의 일
그러진 양심을 향해, 분리 자체가 무조건 불평등한 것이라 항변

하는 워런 대법원장의 당당한 모습이 눈앞에 그려진다. 큰 용기가 필요했을 것이다. 학교뿐만 아니라 모든 공공 접객 시설에서 흑인과 백인을 따로 수용하던 시절이었고, 플레시 판결에서 확인된 것처럼 분리는 미국 사회의 오랜 관습이므로 평등권을 침해하는 불합리한 차별이 아니라고 치부되던 시절이었기 때문이다. 브라운 판결 직후 많은 보수적인 백인들이 워런을 위선자라고 비난하며 판결에 승복하지 않았다는 사실에서도 선각자 워런의 담대함, 인도주의를 갖춘 강한 소신과 돌파력을 읽을 수 있다.

사법부가 빛나는 순간은 이렇듯 사법 적극주의에 입각한 획기적인 판결로 소수자의 인권 보호에 용기 있게 나서는 때다. 의회나 대통령 같은 국민대표 기관은 선거에서 많은 표를 얻기 위해 다수 국민의 의사를 신경 쓸 수밖에 없지만, 임명으로 구성되는 사법부는 전향적인 판결을 통해 다수 국민이 아니라 소수자의 인권을 보호할 수 있는 태생적 장점이 있기 때문이다. 우리의 사법부는 어떨까? 행정부처나 국회에서는 물론이고 법정에서도 소수자의 목소리보다는 다수자의 함성이 더 크게 들리고 약자의 손보다는 강자, 가진 자의 손이 더 자주 올라가지는 않는지 생각해볼 때다.

5. 적극적 평등 실현 조치를 통한 실질적 평등으로

Affirmative Action을 '적극적 평등화행위론'(김철수, 《헌법학개론》제15전정신판, 박영사, 2003, 415쪽)이라 번역하기도 하고, '잠정적 우대조치'(헌법재판소, 헌재결 1999. 12. 23. 98 헌마 363, 헌법재판소판례집 제11권 제2집 770. 795쪽)라고 번역하기도 하는데, 여기에서는 '적극적 평등 실현조치'라 번역하기로 한다. 이 표현이 'affirmative(적극적)'라는 단어의 의미를 살리면서 사회적·경제적 약자에 대한 적극적 우대 조치의 목적이 '실질적 평등의 실현'을 이루는 데 있다는 점을 명확히 한다고 생각되기 때문이다.

미국 연방 대법원의 판례는 '적극적 평등 실현 조치Affirmative Action'를 탄생시켰다. '실질적 평등'을 이룩하기 위한 미국 사회의 노력이 시작된 것이다. 흑인, 여성, 장애인 등은 미국 사회에서 대대로 각종 편견과 차별에 시달려온 사회적·경제적 약자들이었다. 이들은 제대로 된 교육조차 받지 못해 자포자기한 심정으로 빈곤의 악순환에 시달리고 있었다. 이런 사회적·경제적 약자들에게 입학, 취업, 정부 발주 공사의 하도급 등에서 일정한 비율의 자리를 보장해주는 적극적 우대를 해주어야 이들 집단이 결과적 평등, 실질적 평등에 도달할 수 있다고 본 것이 바로 적극적 평등 실현 조치다. 즉, 흑인의 대학 입학 자체가 어려운 상황에서 전체 신입생의 20퍼센트는 무조건 흑인으로 뽑는 등의 인종 할당제가 있어야만 대학 교육을 받은 흑인들이 많아지고, 이들이 졸업 후 흑인 공동체 사회에 돌아가 공동체의 발전에 이바지할 수 있다고 본 것이다.

미국에서 탄생한 이러한 적극적 평등 실현 조치는 그 후 세계 각국으로 파급되었고, 한국도 최근 이 법리를 받아들여 여성이나 장애인 등 사회적·경제적 약자층에 대해 각종 우대 조치를 실시해나가고 있다. 적극적 평등 실현 조치는 '실질적 평등'의 구현을 통해 평등권을 내실 있는 '살아 있는 인권'으로 만든다. 한국 사회에서도 적극적 평등 실현 조치가 전통적인 사회적·경제적 약자 집단이 빈곤의 악순환을 끊고 '사회 통합'의 과정에 평등하게 참

여하게 함으로써, 진정한 의미에
서 '사회 통합'을 이룩하는 가교
가 될 수 있다고 믿는다. '형식적
평등'의 허울 아래 실질적으로는
갖가지 차별을 감내해야 하는 사
회적·경제적 약자들이 존재하는
한, 이들까지 포용하는 진정한 의
미의 '한국 사회의 대통합'은 이
루어질 수 없기 때문이다.

1965년 하워드 대학교 졸업식
에서 적극적 평등 실현 조치에
대한 존슨 대통령의 연설을
듣고 있는 졸업생들. 사진 LBJ
도서관

흑인 취업과 적극적 평등 실현 조치

평등사상은 근대를 거쳐 현대에 들어오면서 다른 성격의 것으
로 발전해나가고 있다. 이에 따라 헌법상의 평등 조항에 대한 각
국의 해석도 바뀌어가고 있다. 근대의 평등사상이 자유를 골고루
향유하기 위한 '자유의 평등', 주로 정치 영역에서의 '정치적 평
등'을 주창하면서 기회에 있어서의 추상적 평등을 의미하는 '형
식적 평등'의 법리로 발전했다면, 현대 국가에서의 평등은 국민
의 생존과 관련한 '생존의 평등', 주로 경제적·사회적 영역에서
의 평등을 의미하는 '경제적·사회적 평등'을 추구하면서 결과에
있어서의 평등까지 포함하는 '실질적 평등'의 법리를 전개시켜나
갔던 것이다. 즉, 근대 시민사회에서 발전한 형식적 평등은 사회
자체가 사회경제적 불평등 구조로 사실상 출발점이 다른 이들에
게 추상적 평등만을 강조함으로써 실질적으로는 불평등을 고착

화했다. 이에 대한 반성으로 사회적·경제적 약자들에게는 결과적 빈곤을 깨고 나갈 수 있는 적극적 우대가 주어져야만 실질적으로 결과적 평등이 실현될 수 있다는 사상이 탄생한 것이다. '적극적 평등 실현 조치'는 이러한 '실질적 평등'을 이룩하기 위한 미국 사회의 몸부림에서 비롯된 것이다. 미국 연방 대법원이 실질적 평등 실현을 위해 흑인이나 여성 같은 약자들에게 부여한 특혜는 보통 할당제quota system 실시의 형태로 많이 나타났다.

　미국 연방 대법원이 '취업' 영역에서 흑인에 대한 적극적 평등 실현 조치로 내린 판결로는 1979년의 전미연합철강노동자 대 웨버United Steel Workers of America v. Weber(433 U.S. 193) 판결의 합헌 결정이 유명하다. 사건은 철강 산업 전반에서 고용 차별을 철폐하는 내용의 합의가 이루어지자 카이저Kaiser 알루미늄 회사가 단체 교섭을 통해 흑인 노동자 채용 목표를 공장이 위치한 지방의 노동 인구에서 흑인이 차지하는 비율과 같은 정도가 되도록 정한 데서 출발한다. 카이저 사의 공장 내에 비숙련 노동자를 위한 직업 훈련 교육 시설이 만들어져 이 교육 과정을 이수해야 숙련 노동자로 취업할 수 있었다. 근무 연수 순으로 교육 기회가 주어졌는데, 흑인 노동자 채용 비율이 정해져 있다 보니 직업 훈련 교육 선발에서도 일정 비율의 자리가 흑인들에게만 돌아가는 결과가 빚어졌다. 루이지애나 주 그래머시 시의 카이저 공장에 고용된 비숙련 백인 노동자였던 웨버Weber는 교육에 지원한 흑인 노동자들보다 근무 연수가 길었음에도 선발 기준에 따라 교육 대상에서 제외되었다. 웨버는 이 교육 과정의 선발 기준이 고용 등

에 있어서의 인종 차별을 금지하는 '1964년의 민권법 제7장'에 위배되어 위법이라 주장하면서 카이저 사와 노동조합을 상대로 소송을 제기했다.

브레넌William J. Brennan 대법관이 집필한 다수 의견은 민권법 제7장에 대한 웨버의 해석이 자의적인 것으로 옳지 않으며, 카이저 사에서 시행하는 직업 훈련 교육의 흑인 비례 선발 기준은 종래의 전통적인 인종 차별을 없애기 위해 '사적 집단'에 의해 '자발적으로' 채택된 것임을 강조하면서, 웨버에게 패소 판결을 내렸다. 미국 의회가 정한 민권법은 인종·성별·국적·피부색을 근거로 한 차별을 금지하는 것으로, 웨버는 이를 근거로 소수 인종들

 1964년의 미국 민권법 제7장은 전반부에서 주(州) 간의 통상에 관련되거나 연방정부와 관계가 있는 노동조합, 학교 및 사용자에 의한 차별을 금지했다.

1960년대 미국 건설 노동자들의 모습

에 대한 '어떠한 우선적 처우'도 금한다고 주장했다. 하지만 연방 대법원은 그의 주장을 받아들이지 않은 것이다. 연방 대법원이 적극적 평등 실현 조치에 대해 어느 정도까지 허용 가능한지 그 범위를 명확하게 제시하지는 않았지만, 사적이고 자발적인, 소수 인종을 우대하는 일부 적극적 평등 실현 조치를 인정했다. 이러한 소수 인종 우대 조치가 백인 노동자의 이익을 불필요하게 구속하는 것이 아니며, 흑인들에게 일자리를 주기 위해 백인들을 해고시킬 것을 요구하는 것도 아니고, 백인 노동자의 승진을 영구적으로 금하는 것도 아니므로 민권법 제7장에 위배되지 않는다고 본 것이다. 그 조치는 인종 간의 균형을 '유지하기' 위한 것이 아니라 명백한 인종적 불균형을 '시정하기' 위한 잠정적 조치에 해당하고, 따라서 소수 인종에게 차단되었던 직업군들에서 드러나는 인종적 불균형을 제거하기 위해 고안된 적극적 평등 실현 조치를 자발적으로 채택하려는 사적 영역들에게 민권법 제7장이 남겨놓은 재량의 영역에 속하는 것이라 보았기 때문이다.

웨버 판결은 연방 대법원이 처음으로 '고용'에 있어서의 적극적 평등 실현 조치를 언급한 판결이라는 점에서 가치가 있다. 인종에 따른 적극적 평등 실현 조치는 엄격 심사가 적용되기 때문에 합헌 판결을 받기가 매우 힘들었다. 구성원의 다양성 증진에 의미가 있는 적극적 평등 실현 조치는 인종에 따른 적극적 평등 실현 조치이므로 합헌성 심사에 엄격 심사가 적용된다. 그러나 웨버 판결에서 과거의 차별을 보상하는 의미의 적극적 평등 실현 조치로서 행해진 사기업 고용에서의 소수 인종 우대는 엄격 심사를 받지 않고 쉽게 합헌이 되었다. 특히 연방 정부나 주 정부의 기관도 아니고 정부의 자금을 조달받는 기관도 아닌 사적 기업이 소수 인종에 대한 종래의 차별을 보상하는 차원에서 이들을 고용 시 우대하는 적극적 평등 실현 조치를 채택하는 것은 수정 헌법 제14조의 평등 보호 조항을 침해하는 것이 아님을 분명히 함으로써, 사기업 고용에서 흑인 우대 조치의 물꼬를 튼 판결로 평가된다.

단일 민족 국가인 우리나라는 다행히도 '인종'에 따른 차별이 현재까지는 크게 문제되지 않았다. 적어도 이 땅에서는 미국 같은 '소수 인종에 대한 차별의 역사'가 존재하지 않아서 인종에 따른 적극적 평등 실현 조치의 시행은 애초에 불필요했다. 이것이야말로 대한민국이 누려온 값진 축복 가운데 하나가 아닐까?

정부 발주 공사 하도급에서의 소수 인종 우대

'적극적 평등 실현 조치'라는 용어를 처음 사용한 사람은 미국의 케네디John F. Kennedy 대통령이다. 그는 1961년에 공표한 행정 명령에서 연방 정부 발주 사업의 계약자들이 '인종, 정치적 신조, 피부색, 민족적 기원'에 근거해 하도급자를 차별하는 것을 금하고, 오히려 사회적·경제적 약자들에게 혜택을 주는 '적극적 평등 실현 조치'를 취할 것을 요구했다. 이 조치는 케네디 대통령 사후에도 존슨Lyndon Johnson 대통령에 의해 계승 발전되었다. 그 이후 연방 대법원의 거듭된 판례를 통해 실질적 평등의 개념과 관련한 이념적 기초가 본격적으로 마련되었다. 이념은 연방 행정부와 연방 의회가 입법화하고 학자들이 이론화하면서 더더욱 정교하게 다듬어져 주 정부나 주 의회, 시 행정부나 시 의회의 입법이나 조치로 확대되어나갔다.

적극적 평등 실현 조치는 그 '대상'에 대한 일반적인 차별에 합헌성 심사 기준이 적용된다. 즉, 일반적 평등 심사 기준과 똑같이 '인종'에 따른 적극적 평등 실현 조치에 대해서는 엄격 심사가, '성별'에 따른 적극적 평등 실현 조치에 대해서는 중간 수준 심사가 적용된다. 소수 인종에 대한 적극적 평등 실현 조치에 엄격 심사를 적용한 최초의 미국 연방 대법원 판결은 1989년의 리치먼드 시 대 크로슨 사City of Richmond v. J. A. Croson Co.(488 U.S. 469) 판결이다. 소수 인종이 운영하는 기업에 시 당국이 발주하는 건설 도급 계약의 일정 비율을 할당하게 한 시 조례에 대해 그 합헌성 여부를 다툰 사건이다.

　버지니아 주 리치먼드 시 시 의회는 그 지역 건설업계에서 소수 인종이 운영하는 회사가 과소 대표되어under-represented왔다는 결론을 내리고, 모든 시 건설 계약의 30퍼센트를 소수 인종이 운영하는 사업체에 할당할 것을 명하는 시 조례를 제정했다. 과거에 소수 인종들이 이 분야에서 차별을 당했다는 증거는 없었다. 크로슨 사는 이 시 조례가 연방 헌법상의 평등 보호 조항을 위반했다고 주장하면서 소송을 걸었다. 연방 항소 법원은 시 조례가 위헌이라 판시했고, 이에 리치먼드 시가 연방 대법원에 상고했다. 이 사건의 법정 의견은 여성 대법관인 오코너Sandra Day O'Connor가 집필했다. 법정 의견은 과거 누대에 걸쳐 소수 인종에 가해진 차별을 보상하기 위한 목적 외에 다른 목적으로 시 의회나 주 의회가 소수 인종 할당제를 입법화할 수는 없다면서, 리치먼드 시 조례에 대해 위헌 판결을 내렸다. 다음은 판결의 요지다.

개정 헌법 제14조의 평등 보호 조항은 전통적인 '반(反) 소수 인종적 차별'이건 여기에서와 같이 적극적 평등 실현 조치 시행을 위한 '자애로운' 차별이건, 모두 인종적 차별에 적용된다. 그러한 차별이 평등 심사를 통과해 합헌이 되기 위해서는 긴절한 정부 이익을 실질적으로 촉진하는 것이어야 한다. 그리고 그것을 위해 선택된 수단은 입법 목적 달성을 위해 '좁게 구체적으로 규정'되어야만 한다. 과거에 발생한 특정한 차별이 근거로 인정되지 못하면 합헌이 성립되지 않는다. 어떤 인종이 어떤 사업에서 단순히 과소 대표되었다는 것만으로는 합리성 없는 부당한 차별이 있었음을 입증하지 못한다. 이 사건에서 리치먼드 시는 과거에 특정한 차별이 존재했음을 입증하지 못했고 단지 역사적으로 소수 인종이 그 지방의 건설업계에서 과소 대표되어왔다는 점만을 주장했다. 그것으로는 불충분하다. 따라서 이러한 소수 인종 특혜에 대해 위헌을 선고한 하급심 판결을 인용한다.

이 판결은 소수 인종에 대한 적극적 평등 실현 조치에 엄격 심사를 적용한 첫 번째 판결이다. 이 판결에서 연방 대법원은 적극적 평등 실현 조치의 합헌성 심사에 전통적인 차별 유형들에 적용했던 것과 똑같은 기준을 적용해야 함을 분명히 했다. 즉, 소수

미국에서 소수 인종이 가장 많이 모여 사는 로스앤젤레스. 다문화주의를 다룬 영화 〈닉 오브 타임〉의 배경이 되기도 했다

인종에 대한 우대 조치가 백인의 입장에서는 '인종'에 근거한 차별이 되기 때문에 평등 법리의 일반론을 적용하더라도 이것에 대한 위헌성 심사는 엄격 심사가 되어야 한다는 것이다.

여성에 대한 적극적 평등 실현 조치

미국에서는 '인종에 따른 적극적 평등 실현 조치'가 집중적으로 발전한 후 뒤늦게 '성별에 따른 적극적 평등 실현 조치'도 탄생했다. 미국 연방 대법원은 '성별'에 따른 적극적 평등 실현 조치에 대한 평등 심사에는 중간 수준 심사를 적용하고 있다. 그리고 과거의 차별을 보상하기 위해 여성들에게만 특혜를 제공하는 입법에 대해 '중요한 정부 목적에 실질적으로 연관'되면서 과거의 과오를 보상하기 위해 '좁게 구체적으로 만들어지면' 합헌이라고 판시해왔다. '인종'에 따른 적극적 평등 실현 조치가 엄격 심사를 통과해야 비로소 합헌이 될 수 있는 반면, '성별'에 따른 적극적 평등 실현 조치는 중간 수준 심사라는 다소 완화된 심사 기준만 통과해도 합헌이 될 수 있었다. 즉, 미국 연방 대법원은 '흑인'에 대한 적극적 평등 실현 조치보다 '여성'에 대한 적극적 평등 실현 조치에 더 관대하다고 볼 수 있다. 다만 '성별'에 따른 적극적 평등 실현 조치는 그 수가 많지 않았고, 연방 대법원의 위헌 심사 대상이 된 경우도 흔하지는 않았다.

1979년 3월 5일에 선고된 오르 대 오르Orr v. Orr(440 U.S. 268) 판결은 부부가 이혼할 때 적극적 평등 실현을 위해 여성만 부양료를 요구할 수 있도록 규정하던 앨라배마 주 위자료법의 합헌성을 다툰 사건으로 유명하다. 이혼 판결에 따라 부양료를 지급하던 전남편 오르가 중간에 돈을 보내지 않자 전처인 오르가 법원의 판결을 지키지 않는다며 법정 모욕죄로 전남편을 제소한 것이다. 전남편 오르는 앨라배마 주 법이 남자에게만 이혼 시 부양료 지급을 의무화한 것은 성별에 따른 차별로 평등 조항에 위배되어 위헌이라고 주장했다. 브레넌 대법관이 집필한 연방 대법원의 다수 의견은 우선 전남편 오르의 원고 적격을 인정한 후, 앨라배마 주 위자료법에 대해 위헌 결정을 내렸다.

'원고 적격'이란 구체적 소송에서 원고로서 소송을 제기하고 수행하여 판결을 받아낼 수 있는 정당한 자격, 즉 소송의 원고로 나설 수 있는 자격을 말한다. 예를 들어 국가나 타인에 의해 권리를 침해당한 자만이 권리 침해의 구제를 구하는 소송을 제기할 수 있는 '원고 적격'을 갖추게 된다. 사건과 아무런 관계가 없는 사람이 소송을 제기하는 것을 막기 위한 개념이다.

첫째, 렌퀴스트Rehnquist 대법관 등 3인의 재판관이 가담한 소수 의견은 이 사건에서 전처가 경제적 능력이 없고 전남편만 경제적 능력이 있다는 데 주목했다. 전남편이 이 소송에서 이겨 여성을 우대하는 앨라배마 주 위자료법이 위헌임을 끌어낸다 하더라도 성중립적gender-neutral인 다른 위자료법 규정들 때문에 결국 전남편이 이혼 시 부양료 지급 의무를 지게 되므로 승소를 통해 얻을 '소

의 이익'이 없으므로 사실상 전남편 오르에게 원고 적격이 없어야
한다. 그러나 성별에 근거해 재정적 부담을 지는 사람이라면 누구
든 이 소송에 대해 원고 적격을 가질 수 있다고 보아야 하므로 전남
편 오르의 원고 적격은 인정된다.

둘째, 이혼 후 부양료를 지급할 의무가 있는 사람을 정할 때에는
이혼 전에 이혼을 할 두 사람 중에서 누가 상대방에게 경제적으로
의존하고 있었는지를 판단해야 한다. 남성에게만 부양료 지급 의무
가 있다고 법에 미리 정해서는 안 된다. 이 법의 입법 목적은 결혼
생활 중에 차별받은 부인을 보상하는 것인데, 이 법에 의해 보호받
아야 할 부인은 오로지 경제적으로 궁핍한 부인뿐이기 때문에 여자

만 전남편으로부터 부양료를 지급받을 수 있다고 하는 이 법은 입법 목적과 실질적으로 관련된 적절한 수단이 아니므로 위헌이다. 과거의 차별을 줄이기 위해 성별에 기초해 여성을 우대하는 이 법은 그 자체가 경제적 약자라는 전통적인 여성상을 부각시켜 여성에 대한 편견을 강화할 수도 있다. 따라서 성 중립적으로 남녀를 구분하지 않고 상대방의 경제적 도움을 필요로 하는 배우자에게 부양료 지급 청구권이 발생하도록 하는 것이 이혼의 양 당사자를 보호할 수 있는 보다 바람직한 방법이다.

이 판결은 결혼 생활 중 차별을 받던 여성에게 적극적 평등 실현 조치로 이혼 시 부양료 지급 청구권을 주며 우대하던 앨라배마 주 법에 대해 입법 목적과 그 수단인 '법' 사이에 실질적 관련성이 없음을 이유로 위헌 판결을 내린 것이다. 성별에 따른 적극적 평등 실현 조치가 널리 확대되고 있던 1970년대 말에 내려진 오르 판결은 예외적인 판결로 미국 판결 역사에 중요하게 기록되었다.

가부장적인 유교 문화가 지배해온 한국은 여성이 집 안에서든 집 밖에서든 위계질서의 가장 아래쪽에 있어 오랫동안 차별을 당해왔다. 따라서 한국 사회에서 여성들의 차별을 보상하는 '성별'에 따른 적극적 평등 실현 조치의 시행은 충분히 정당성을 가진다. 그런 조치의 하나로 '여성 공무원 채용 목표제'가 1996년부터 시행되었다. 즉 국가공무원 채용 시험에서 연도별로 여성 채용 비율을 일률적으로 정해 1996년에는 10퍼센트, 1997년에는 13

퍼센트, 1998년에는 15퍼센트, 1999년에는 18퍼
센트, 2000년에는 20퍼센트의 비율을 할당했다.
2001년부터는 공직의 급수가 5급이냐 6~7급이
냐 8~9급이냐에 따라 적게는 20퍼센트에서 많게
는 30퍼센트까지를 여성에게 할당했다. 공무원을
열 명 이상 뽑을 때에는 여성 채용 비율을 미리 정
하고 만약 채용된 여성의 비율이 목표율에 못 미치
면 합격점의 3점 혹은 5점의 범위 내에서 급수에
따라 일정한 가산점을 주어 여성을 추가로 선발하
도록 하고 있는 것이다. 여성 채용 목표 비율은 매
년 증가하고 있다. 공기업도 여성에 대한 적극적
평등 실현 조치로 '공기업 인센티브제'를 실시하여

유교의 영향으로 외출할 때
장옷으로 온몸을 가려야 했던
한국 여성

정부 투자 기관, 정부 재투자 기관, 정부 출연 기관, 공공 법인체
의 직원 채용 시 여성에게 가산점을 준다. 최근 이러한 여성에 대
한 취업상의 적극적 평등 실현 조치 시행으로 남성에 대한 역차
별의 문제가 야기되자, 직장에서의 남성과 여성 비율의 균형을
목표로 하는 '양성 고용 평등제'의 실시가 시도되고 있다.

앞으로는 또 다른 사회적·경제적 약자라 할 수 있는 장애인들
의 취업과 입학에도 특혜를 주는 등 적극적 평등 실현 조치의 적
용 대상이 확대되어야 할 것이다. 또한 취업, 입학 이외에 미국처
럼 국가나 지방 자치 단체 발주의 하도급 계약에도 적극적 평등
실현 조치가 적용될 수 있을 것이다. 미국에서 연방 대법원의 판
례가 적극적 평등 실현 조치의 개념을 정립하고 법리의 발전을 이

끌었다면, 우리나라에서는 헌법재판소나 대법원 등의 사법 기관보다는 주로 행정부가 적극적 평등 실현 조치를 도입하고 시행하는 데 앞장서고 있다. 우리나라에서의 적극적 평등 실현 조치 시행의 시초인 '여성 공무원 채용 목표제'도 행정부가 입안한 것이었다. 앞으로 사법부나 입법부가 '적극적' 평등 실현 조치의 시행과 확대에 더 '적극적'으로 나서야 하는 이유가 바로 여기에 있다.

적극적 평등 실현 조치와 역차별

실질적 평등을 실현하기 위한 적극적 평등 실현 조치는 태생적으로 백인, 남성, 비장애인에게는 역차별을 발생시킨다. 미국에서도 적극적 평등 실현 조치가 자리를 잡아가자 역차별의 문제가 발생했다. 이 역차별 문제와 관련해서는 1978년의 캘리포니아 대학교 이사회 대 바키Regents of the University of California v. Bakke(438 U.S. 265) 판결이 유명하다.

캘리포니아 주립대학 데이비스 분교에 개설된 대학원 과정의 의과대학은 신입생 중 16퍼센트를 소수 인종 중에서만 선발하는 인종 할당제를 시행하고 있었다. 즉, 100개의 신입생 자리 중 16개를 두고는 소수 인종 학생들만 경쟁했던 것이다. 입학생 선발의 기준은 학부 성적, 의대 입학 적성 검사 점수, 추천서 등이다. 장래 내과 의사를 꿈꾸던 백인 남성 바키Allan Bakke는 자기보다 학부 성적이나 의대 입학 적성 검사 점수가 낮은 소수 인종 지원자들이 인종 할당제 때문에 이 의대에 합격한 반면, 자기는 1973년과 1974년 두 차례에 걸쳐 불합격했다고 주장했다. 그는 연방 자금의 지원을 받는 프로그램에서 인종적·민족적 선호로 차별을 행하는 것을 금하는 1964년의 민권법 제6조와, 연방 헌법 및 캘리포니아 주 주 헌법상의 평등 조항 위배를 이유로 인종 할당제에 대해 소송을 제기했다.

캘리포니아 주 대법원은 인종에 근거해 일부 지원자를 자격이 더 좋은 지원자보다 우위에 두고 자격이 더 좋은 지원자를 불합격 처리하는 것은 연방 개정 헌법 제14조의 평등 조항이 금하고 있다고 판시했다. 소수 인종 우대 입학 정책이 시행되지 않았더라도 바키가 그 의대에 합격할 수는 없었다는 것을 캘리포니아 주립대학 측이 입증하지 못했기 때문에 주 대법원에서는 바키가 승리를 거두었다.

연방 대법원에서는 대법관들의 의견이 5대 4로 첨예하게 갈렸다. 파월Lewis Powell 대법관이 집필한 다수 의견은, 개정 헌법 제

미국은 연방제 국가이다. 연방제 국가의 주(州)는 작은 국가에 준하는 조직을 갖추고 있다. 행정부로 주지사가 이끄는 주 행정부, 입법부로 주 의회, 사법부로 주 일심 법원, 주 항소 법원, 주 대법원의 삼심제에 근거한 주 법원들이 존재한다. 그리고 무엇보다 주 헌법이 있다. 주민들의 기본적 권리와 주 정부기관, 주 의회, 주 법원들의 구성, 조직, 권한을 밝힌 조항들이 주 헌법에 규정되어 있다.

14조의 평등 조항은 적극적 평등 실현 조치에 의한 소수 인종에 대한 특혜라는 '자애로운 차별'까지도 금하는 것으로 보고 캘리포니아 주립대학의 인종에만 근거한 일정 비율의 학생 선발은 위헌이라고 판시했다. 그 주된 논거는 다음과 같았다.

헌법상의 평등 조항은 인종에 상관없이 차별을 금지한다. 소수 인종도 보호하지만 다수 인종인 백인도 보호하는 것이다. 백인의 희생으로 소수 인종을 우대하는 '자애로운 차별'은 인종이 유일한 기준이거나 그러한 차별을 유일하게 정당화하는 근거라면 위헌이고 무효다. 인종이 차별의 근거인 경우 사법부에 의한 합헌성 판단에 엄격 심사를 적용한다. 엄격 심사를 통과하기 위해 '위헌의 의심이 가는 차별'을 정당화하기 위해서는 첫째, 주의 목적이 실질적이고 합헌적인 것이어야 하며, 둘째, 그 차별이 목적 달성과 주의 이익 보호에 필요한 것이어야 한다.

이 사건에서의 차별은 소수 인종 지원자들에게는 그들의 인종에 근거해 선발 예정 수인 100석 모두를 놓고 경쟁할 기회를 주는 대신, 백인 지원자들에게는 100석 모두를 놓고 경쟁할 권리를 부정하기 때문에 그 차별은 본래적으로 '위헌의 의심이 가는' 차별이다. 이 인종 할당제에 대한 주의 여러 정당화 근거들, 즉 일반적인 사회적 차별을 교정하려는 구제적 노력, 의료 혜택을 상대적으로 적게 누리는 인종 집단에 대한 원조 등은 인종에만 근거한 학생 선발을 정당화하기에 충분하지 못하다. 적절한 인종적 균형을 이루기 위한 인종 할당제의 사용은 문면상 무효다. 캘리포니아 주립대학은 과거에 인종 차별을 한 적이 없으며 따라서 과거의 인종 차별에 따른 구제를 위한 본 법원의 다른 사건 판시 사항들을 이 사건에 적용할 수도 없다. 적극적 평등 실현 조치로 상대적 역차별을 당하는 바키와 같은 무고한 제3자가 과거의 일반적인 사회적 차별에 대한 보상 때문에 불이익을 보아서는 안 된다. 캘리포니아 주립대학의 이 특별 입학 정책도, 그에 따른 어떤 요구 사항들도 의료 서비스를 받지 못한 영역에의 의료 지원 제공과 관련이 없다. 그러므로 이 입학 정책은 이런 근거로 정당화될 수는 없다. 학생 구성의 인종적·민족적 다양성은 적절한 목표지만 그것만으로 이 입학 정책을 정당화하기는 불충분하며, 그것이 대학의 목표라면 기본권 제한의 정도가 약한 다른 방법도 있다. 특별 입학 사정의 유일한 기준으로서의 '인종'은 그러한 다양성을 달성하는 데 부적절한 근거다. 입학 여부가 명백한 인종 차별에 근거해 이루어진다면 그것은 개정 헌법 제14조의 평등 조항에 위배된다.

바키 판결은 일정 비율의 신입생을 인종에만 근거해 선발하는 것을 위헌 무효화했다. 다시 말해 인종과 함께 다른 여러 요소를 고려해 그 구체적 사정에 따른 대학 입학 정책을 마련하면 인종별 할당이 합헌이 될 수 있다는 것이다. 바키 판결은 모든 적극적 평등 실현 조치 자체에 대해 위헌 판결을 내린 것은 아니었기에 인종에만 근거한 소수 인종 우대 정책인 적극적 평등 실현 조치에 아주 제한적인 효과만을 미쳤다.

적극적 평등 실현 조치는 경제적 침체가 지속되면 큰 위협을 받는다. 경제 침체기에 취업을 못하는 백인 남성들이 자기보다 모든 면에서 경쟁력이 떨어지는 흑인이나 여성이 적극적 평등 실현 조치 덕으로 취업을 하는 것을 보면서 역차별을 심하게 느끼기 때문이다. 오랜 불황이 이어지자 캘리포니아 주가 주민 발의 법안으로 주의 적극적 평등 실현 조치 정책들을 폐지한 것을 시작으로 미국 전역에서 이러한 움직임이 일어났다.

여성 공무원 채용 할당제나 장애인 고용 할당제 등 여러 적극적 평등 실현 조치가 시행되고 있는 우리나라에는 아직 역차별의 문제가 그리 크게 제기되고 있지는 않다. 약자 보호 정신에 입각한 적극적 평등 실현 조치가 이 땅에 튼튼히 뿌리를 내려 우리 사회의 실질적 평등 실현에 소금과 같은 역할을 해주기를 바라는 마음 간절하다.

적극적 평등 실현 조치의 성쇠

미국의 적극적 평등 실현 조치의 뿌리에는 대대로 학대받고 차별받던 소수자에 대한 보상이 자리 잡고 있다. 특히 1960년대에 민권법이 제정되기 전까지 인종 분리 입법이나 각종 불공정 정부 관행으로 차별받던 흑인들에 대한 보상이 핵심이었다. 그 후 주 정부와 연방 정부가 여성 차별의 오랜 역사를 반성하며 이 조치를 여성에게도 확대했다. 그러다가 1970년대 중반에 '과거의 차별에 대한 보상' 이외에 또 다른 정당화 논리가 추가되었다. 적극적 평등 실현 조치가 고용, 하도급 계약, 교육 등의 영역에서 '다양성'을 촉진한다는 것이다. 구성원이 다양해지면 사회적·경제적 약자들의 사회적 환경을 개선할 수 있고 각 기관에도 이익이 된다는 것이다. 대학을 구성하는 학생이 다양한 인종으로 구성되는 것도 대학 교육의 목적에 비추어 바람직하다. 1995년에 내려진 밀러 대 존슨Miller v. Johnson 판결(515 U.S. 900)은 소수 인종 우대의 적극적 평등 실현 조치가 이러한 고용, 하도급 계약, 교육의 영역을 넘어 '선거구 획정'에도 적용될 수 있는지를 모색해 본 판결로 유명하다. 즉, 소수 인종의 분포를 고려해 이들에게 유리한 선거구 획정을 시도한 시 의회의 선거구 획정에 대해 그 위헌 여부를 다툰 사건이다.

선거권법 시행을 독려하는 연방 법무부의 권유에 따라, 조지아주 주 의회는 제11주 의원 선거구를 새로이 정했다. 26개의 마을을 들쭉날쭉 포함하는 새 선거구는 지리적 조화와 균형을 완전히 무시하고 불규칙하게 획정되었다. 당시 조지아 주 전체 인구 중 흑인은 27퍼센트였는데, 흑인이 과반수인 선거구가 개입된 탓에 빚어진 결과였다. 이 선거구 획정의 합헌성이 소송을 통해 다투어졌다. 항소 법원은 원고 승소 판결을 내리면서 이 선거구 획정을 위헌이라고 선언했다. 이에 연방 대법원이 사건 이송 명령장을 발부해 사건을 심리하게 되었다. 케네디Anthony Kennedy 대법관이 집필한 다수 의견은 주로 인종적 고려에 근거해 주 의원 선거구를 획정한 것은 위헌이라고 판시했다. 다음은 그 추론의 주요 내용이다.

평등 보호 조항의 핵심은 시민들이 각각의 개인으로 대우받아야

'Writ of Certiorari' 라는 라틴어로 된 법률 용어를 '사건 이송 명령장'이라고 번역한다. 미국 연방 대법원은 대법원에 올라오는 모든 사건을 심리하는 것이 아니라, 특히 중요한 연방 헌법상의 쟁점을 가지고 있는 사건들에만 사건 이송 명령장을 보내 사건을 본격적으로 심리한다. 미국 연방 대법원에는 연간 평균 3,000건 정도가 접수되지만, 대법원은 이 중 평균 80건 정도의 사건에만 사건 이송 명령장을 발부한다. 사건 이송 명령장은 현재 사건이 계류된 법원에 보내지는데, 이를 받은 법원은 그 사건과 관련된 모든 서류를 연방 대법원에 이송해야 한다.

지 인종이나 계급 혹은 성(性)을 구성하는 하나의 인자로 대우받아서는 안 된다는 것이다. 유권자인 시민들을 인종 등에 근거해 나누는 것은 비정상적인 것이며 정당화되기 어렵다. 인종에 근거한 분류는 엄격 심사의 대상이 되고, 따라서 그러한 분류가 합헌이기 위해서는 긴절한 주 정부의 이익을 달성하기 위해 좁게 구체적으로 입법화되어야 한다. 하나의 인종을 하나의 선거구에 집중시키는 것은 인종 차별 문제를 해결하기 위한 좁고 구체적인 입법이 아니다. 그러한 조치는 같은 인종끼리는 생각이 같고 투표 행태도 같다는 다소 모욕적인 가정에 기초하고 있다. 이러한 가정은 옳지 않다. 선거구 획정은 일정 정도 기술적인 것이고 지리적, 정치적 고려들과 적절히 관련되는 것이다. 인종은 선거구 획정 시 고려될 수 있는 하나의 요소일 수는 있으나 주요한 요소가 될 수는 없다. 이 사건에서 인종은 주요한 고려 요소였으며, 따라서 제11선거구 획정은 위헌이다. 하급심의 위헌 판결을 인용한다.

소수 인종에게 유리하게 만들어진 선거구 획정에 대한 이 위헌 판결은 엄격 심사를 적용한 결과였다. 이 판결에서 연방 대법원은 평등 보호 조항의 핵심이 시민들을 '개인'으로서 평등하게 대우하는 데 있는 것이지, 시민을 소수 인종 집단이나 여성 집단 등한 집단의 일원으로 보면서 평등 대우의 문제를 생각하게 하는 것은 아니라는 점을 강조함으로써 적극적 평등 실현 조치의 근간을 흔드는 판결을 내려 주목을 끌었다. 합헌성의 문제를 떠나 정치적 관점에서도 소수 인종들의 분포를 고려한 게리맨더링 gerrymandering이 소수 인종의 이익 증진에 도움이 되는지에 관해서는 논란이 있다. 즉, 흑인들의 표가 집중되면 흑인 대표가 선출될 가능성이 높아진다는 주장도 있지만, 어떤 정치학자들은 이것이 다른 선거구에서 백인 후보의 안전한 당선을 가져온다고 주장했다.

미국에서 적극적 평등 실현 조치에 대한 경고음은 '선거구 획정'뿐만 아니라 '교육' 영역에서도 울려대기 시작했다. 2000년대에 들어와 소수 인종을 우대하는 각 대학의 입학 정책에 대해 미국 연방 하급 법원들이 달라진 입장을 취한 것이다. 2000년의 호

'게리맨더링'이란 특정 후보 혹은 특정 정당에게 유리하게 선거구를 획정하는 것을 말한다. 1812년 미국 매사추세츠 주 주지사였던 게리Elbridge Gerry가 상원 의원 선거법 개정 강행을 위해 자기 당인 공화당에 유리하도록 선거구를 분할했는데, 그 모양이 도룡뇽salamander과 같다며 민주당에서 '샐러' 대신 '게리'의 이름을 붙여 게리맨더라고 비난한 데서 유래되었다. 여기서는 소수 인종의 선거 선출을 위해 소수 인종에게 유리하게 선거구를 획정하는 것을 말한다.

1812년 매사추세츠 주 주지사 게리가 주도한 선거구 개편을 풍자한 삽화. '게리맨더링'이라는 말의 유래가 되었다

프라우드 대 텍사스Hopwood v. Texas 판결(236 F.3d 256)에서 제5연방 항소 법원은 인종을 입학 사정의 고려 요소 중 하나로 채택하고 있던 텍사스 주립대학 로스쿨의 입학 정책에 대해 위헌 결정을 내렸고, 다음 해인 2001년에 연방 대법원은 이 사건의 상고를 받아들이지 않고 기각 결정(533 U.S. 929)을 내림으로써 연방 항소 법원의 위헌 결정에 동의한다는 뜻을 밝혔다. 호프우드 판결에서 제5연방 항소 법원은 엄격 심사를 적용하면서 이제 바키 판결이 구속력을 갖는 선판례가 아니고, 다양한 인종의 학생 집단 보유라든지 과거의 차별에 대한 보상 등이 엄격 심사를 통과하기 위한 긴절한 정부 이익이 되지는 못한다고 판시했다. 미국에서 승승장구하던 적극적 평등 실현 조치가 이제 주춤하고 있는 것이다.

우리나라 서울대학교는 신입생 선발 시 '지역'을 고려하는 일종의 변형된 '지역 할당제'를 실시하고 있다. 서울대학교는 2003년 4월에 '지역 균형 선발 전형'을 확정해 2005학년도부터 전체 모집 정원의 20퍼센트 내외를 서울 등 대도시 수험생에게 상대적으로 유리한 '수능'과 '심층 면접' 대신, '내신'을 위주로 선발하겠다고 선언하고, 내신 성적을 평가하면서 지원자의 출신 지역을 함께 고려하고 있다. 그런데 이것은 원래의 안보다는 지역 할당제적 성격이 다소 후퇴한 것이었다. 처음 서울대학교에서 고려하려 했던 것은 적극적 평등 실현 조치로서의 성격이 강한, 일정 비율의 신입생을 지역별로 할당해 선발하는 원래 의미의 '지역 할당제'였다. 대도시 학생들에 비해 교육 환경이 열악한 농촌 등 오지 학생들의 입학이 어려웠던 과거의 입학 전형을 불평등한 차별로 보고, '입학'에 적용되는 적극적 평등 실현 조치의 또 다른 정당화 근거인 '다양한 배경의 학생 집단 구성'이라는 이익의 관점에서, 전국 각지 출신의 신입생을 두루 선발해 다양한 배경의 학생 집단을 구성하려 했던 것이다. 적극적 평등 실현 조치가 성숙기를 거쳐 쇠퇴기를 맞는 미국과, 이제 막 시작해 발전해가는 한국의 대비에서도, 적극적 평등 실현 조치가 '잠정적' 조치임이 분명해진다.

변화의 바람은 하도급 계약에도 불었다. 1990년대에 들어서 미국 연방 대법원은 '과거의 차별에 대한 보상'의 의미를 가지는 적극적 평등 실현 조치와 '구성원의 다양성 증진'의 의미를 가지는 적극적 평등 실현 조치를 구분하는 바키 판결의 법리를 포기하기 시작했고, 크로슨 판결과 1995년의 애더랜드 건설 회사 대 페냐 Adarand Constructors Inc. v. Peña 판결(515 U.S. 200)에서 새롭게 접근했다. 크로슨 판결에서는 소수 인종에 대한 과거의 차별에 대한 보상으로 시 건설 계약의 30퍼센트가 소수 인종이 운영하는 사업체에 할당할 것을 명하는 시 조례의 위헌성을, 애더랜드 판결에서는 하청 계약액의 10퍼센트를 소수 인종이 운영하는 사업체에 줌으로써 소수 인종이 운영하는 사업체의 하도급 입찰을 촉진하도록 한 연방 법률, 소(小) 사업법의 위헌성을 심사했다. 그 결과 리치먼드 시의 시 조례와 연방 법률인 소 사업법 모두 평등권 침해 여부와 관련해 엄격 심사를 거쳐 위헌 판결을 받았다.

우선, 크로슨 판결에서 리치먼드 시 조례는 입법 목적 달성을 위해 '좁게 구체적으로 규정되지' 못했다고 평가되었다. 오코너 대법관이 집필한 다수 의견은 한 산업에서 과거에 차별이 행해진 것만으로는 인종 할당제의 사용이 정당화되지 않는다고 보았다. 그 후 이루어진 애더랜드 판결에서 연방 대법원은 바키 판결 이후 확립된 '과거의 차별을 보상'하는 의미에서의 적극적 평등 실현 조치와 '인종적 다양성을 증진'한다는 의미에서의 적극적 평등 실현 조치의 구분을 버렸다. 그리고 연방 정부든 주 정부든 지방 자치 단체든 이들이 주도하는 모든 인종에 근거한 차별은 엄격 심사의 대상이 되어야 함을 강조했다. 하도급 계약을 포함한 모든 영역에서 소수 인종에 대한 적극적 평등 실현 조치의 시행 확대가 역차별을 이유로 제동이 걸리기 시작한 것이다.

한국 사회 역시 언젠가는 적극적 평등 실현 조치의 시행 확대에 제동을 걸려는 반동적 목소리가 고개를 들 것이다. 따라서 사회적 약자나 소수자가 아닌 다른 사회 구성원들을 향해 적극적 평등 실현 조치 시행의 이유와 필요성을 꾸준히 알리고 설득해나가야 할 것이다.

깊이 읽기
3단계 평등 심사 기준

　　사법부가 어떤 법률 규정이나 공권력의 행사가 평등권을 침해하는지 심사하는 것을 '평등 심사'라고 부른다. 미국 연방 대법원은 엄격 심사, 중간 수준 심사, 합리성 심사로 분류되는 3단계 평등 심사 기준을 수립했다. 이것은 하루아침에 형성된 기준이 아니라 시간적 간격을 두고 2단계를 거쳐 3단계까지 천천히 나아간 평등 심사의 대기준이다.

　　워런 대법원장이 대법원을 이끌던 워런 대법원기(1953~1969년)에 미국 연방 대법원은 평등 심사와 관련해 '2단계 기준'을 발전시켰다. 사회적·경제적 차별 입법의 심사에서 미국 연방 대법원은 과거의 전통적인 합리성 심사 기준을 적용함으로써 주 의회의 입법 재량권을 존중하는 태도를 보였다. 법적 차별이 갖추어야 할 최소한의 합리적 이유만 있으면 합헌 결정을 내렸다. 그러나 법이 의도적으로 '위헌의 의심이 가는 차별'에 기초한 차별을 하거나 시민의 '근본적 권리에 실질적 부담을 지우는' 경우에는 그 법의 합헌성 판단에 엄격 심사가 사용되었다. 즉 '긴절한 정부 이익에 필요한' 차별에 한해서만 정당화되고 합헌 판결을 받았다. 그 후 버거Warren Burger 대법원장의 버거 대법원기(1969~1986년)에 세 번째 평등 심사 단계로서 합리성 심사와 엄격 심사의 중간 단계에 해당하는 '중간 수준 심사'가 나타나 성별과 적·서자 관계에 기초한 차별 심사에 사용되었고 그 차별이 '중요한 정부 이익에 실질적으로 관련될 경우'에만 합헌이라고 판시하게 되었다.

이 중에서 엄격 심사는 원래 '성'이나 '출신 민족', 때에 따라서는 '외국인 신분'과 같은 특성을 가진 집단을 차별 대상으로 하거나 차별 사유로 하는 경우에 적용됐고, 그러한 차별을 '위헌의 의심이 가는 차별'로 불렀다. 후에 여기에 '근본적 권리에 실질적 부담을 지우는 차별'까지 추가되어 평등 심사 기준으로서의 '엄격 심사'가 확고한 틀을 갖추게 된 것이다. 엄격 심사의 중요한 요건으로는 첫째, 대법원이 엄격 심사를 행할 경우 입증 책임이 정부 쪽으로 전환되어 그 법률이 위헌임을 주장하는 소송 청구인이 아니라 그 법을 만든 주 정부나 연방 정부가 그 차별이 '긴절한 정부 이익'을 달성하는 데 필요한 것임을 입증해야 한다. 둘째, 그 긴절한 정부 이익을 달성하는, '기본권 제한의 정도가 경미한 다른 가능한 대안'이 있어서는 안 된다. 이것은 후에 미국에서 '덜 제한적인 대안 규칙LRA Rule (Less Restrictive Alternative Rule)'으로 발전하는데, 우리 헌법재판소가 법률에 의한 기본권 제한의 한계의 하나로 인정하고 있는 과잉 금지의 원칙 중 '피해의 최소성'이 이와 유사한 개념이다. 셋째, 엄격 심사의 대상이 되는 법률에 대해서는 법률에 대한 합헌성 추정 원칙의 적용이 배제된다. 정부가 이러한 입증 책임을 충족시키기란 대단히 어려운 일이므로 엄격 심사의 대상이 된 법률은 위헌이 될 가능성이 높다.

소수자·약자의 인권과 법

제4장

1. 소수자·약자의 인권, 그리고 사법부

'소수자'라는 말이 있고, '약자'라는 말도 있다. 둘은 어떻게 다를까? 수적으로 다수면서도 국회와 같은 대의 기관에 자신들의 의사와 이익을 대변해줄 대표를 진출시키지 못해 의회 대표성에서 소외된 자는 '약자'로, 여기에 수적으로까지 소수인 자를 '소수자'로 구분한다. 이 책에서도 소수자와 약자를 이 구분에 따라 구별해 서술하려 한다.

로크와 몽테스키외 등이 권력 분립을 도입한 근대 이후, 몇몇 사회주의·공산주의 국가를 제외한 대부분의 국가들은 권력 분립의 원리에 기초한 삼권 분립을 헌법에 받아들이고 있다. 이때 '삼권(三權)'은 '삼부(三府)'가 나누어 갖는 권력이다. '삼부'에는 법을 제정하는 입법부, 입법부가 만든 법을 집행하는 행정부, 입법부가 만든 법의 의미를 해석하고 구체적 사실 관계에 적용하는 사법부가 속한다. 삼부는 조직과 구성, 권한 등에서 차이점이 많지만, 국민을 대표하는 의원들로 구성된 입법부, 선거로 뽑힌 대통령이 지휘하는 행정부와 달리 사법부는 일반적으로 선거와 무관하게 임명된 판사들로 구성된다는 점에서 특히 구별된다.

이 차이점에 주목해 미국 등의 정치학계나 헌법학계에서는 국민의 의사에 구성과 존립이 달려 있는 입법부와 행정부는 '다수파 기관majoritarian institution'으로, 국민의 의사와 직접적인 상관없이 구성되고 존속하는 사법부는 '비다수파 기관non-majoritarian institution'으로 구별하고 있다. 사법부는 삼부 가운데 유일하게

'비다수파 기관'이기 때문에 '사회적·경제적 약자의 보호'에 진력할 수 있다. 비다수파 기관이라 국민의 의사에 크게 영향을 받지 않으니 다수의 목소리에 귀 기울이기보다는, 다수의 목소리에 묻힌, 혹은 다수를 가장한 강자의 큰 목소리에 눌려서 듣기 어려운 소수자와 약자의 목소리에 귀 기울이고 이들의 이익을 법의 적극적·창조적 해석과 적용을 통해 실현하고 보장할 수 있는 태생적 장점을 가진 것이다.

국민 다수의 의사를 국정에 반영하는 입법부와 행정부가 있으니, 삼부 중 다른 하나 정도는 '소수자와 약자'를 위한 기구가 되어야 다수의 지배와 소수자 보호를 함께 추구하는 민주주의의 이념을 실현할 수 있다. 사회적·경제적 약자는 통상적인 '정치 과정'을 통해서는 그들의 이익을 결집하고 대표하여 반영하지 못한다. 다수파가 주도권을 쥔 다수파 기관에서의 의사 결정 과정에는 약자들의 이익이 제대로 대변되지 못하는 것이다. 약자의 이익은 비다수파 기관인 사법부에 의해서 가장 잘 대변되고 보장받을 수 있으며 또 보장받아야 한다. 사법부는 '국민의 인권 보장을 위한 최후의 보루'라고 할 수 있다.

이런 의미를 염두에 두고 우리의 사법부를 돌아보자. 우리 사법부는 두 개의 축으로 이루어져 있는데, 하나는 헌법재판소이고 다른 하나는 대법원과 일반 법원들이다. 이 중 헌법재판소는 처음 설치될 때에는 옥상가옥에 불과한 불필요한 기구가 되지 않을까 하는 우려가 많았다. 하지만 그런 우려를 불식하려는 듯이 약자들을 위해 지금까지 무척 애써왔다. 2001년 11월 29일 헌법재

대한민국 헌법재판소

판소는 '재외 동포의 출입국과 법적 지위에 관한 법률' 제2조 제2호, 정부 수립 이전에 국외로 이주한 동포를 '재외 동포'에서 제외하고 있던 법 규정에 대해 헌법 불합치 결정을 내렸다. 이는 동포로 대우받지 못하고 외국인으로 인식되어 사회적 약자였던 그들의 이익을 잘 대변한 판결이었다. 일반 법원도 과거와는 달리 약자를 위한 판결들을 속속 내리고 있다. 오랜 산고 끝에 형사소송법 개정을 통해 이루어진 판사에 의한 영장 실질 심사가 이를 증명한다.

그러나 헌법재판소나 일반 법원이 약자보다는 강자의 편에 선 판결을 내리는 경우도 드물지 않다. 특히 우리 헌법이 제23조 제2항에서 재산권 행사의 공공복리 적합 의무를 규정하고 '사회적 시장 경제 질서'를 규정함으로써 개인 재산권의 사회 전체를 위한 한계와 제한을 이야기하고 있는데도 이를 도외시하고 민사법적 논리에만 얽매여 재산권의 보장만을 강조하는 보수적 판결을 내리는 경우가 있다. 내 눈에는 이러한 판결들이 강자의 기득권을 옹호하기 위한 것으로 비친다. 이제는 사회적·경제적 약자를 위한 판결들을 좀 더 많이 내려달라고 우리 법원과 헌법재판소에 부탁하고 싶다. 그것이 다수파 기관인 입법부나 행정부와 달리 비다수파 기관인 사법부만이 할 수 있고 또 해야 할 일이며, 개인적으로는 '법은 강자의 이익일 수 있다'는 내 오래된 우려를 과감히 떨쳐버릴 수 있는 길이기 때문이다.

 우리 헌법은 제23조에서 자본주의 국가의 핵심적 기본권인 재산권에 대해 규정하고 있다. 그중에서 제2항은 "재산권의 행사는 공공복리에 적합하도록 하여야 한다"고 규정하고 있고, 제3항도 "공공 필요에 의한 재산권의 수용 사용 또는 제한 및 그에 대한 보상은 법률로써 하되, 정당한 보상을 지급하여야 한다"고 규정하고 있어, 현대에 나타난 대부분의 수정 자본주의 국가의 헌법이 그러하듯이 재산권이라는 자본주의적 인권의 '보장'보다는 '제한'에 무게를 두는 태도를 보이고 있다.

헌법재판소와 소수자·약자의 인권

헌법재판소와 같은 사법부가 위헌 판결 등으로 입법부나 행정부의 결정에 반대를 제기해 적극적으로 견제하는 태도를 '사법 적극주의'라 부른다. 이런 사법 적극주의는 '소수자와 약자의 인권 보호'를 위해 나타날 때 바람직하다. 만약 정치적 사건에 무분별하고 과도하게 개입하며 나타날 때는 위험할 수도 있다.

헌법재판소의 존재 이유는 입법부나 행정부와 같이 선거로 구성되는 다수파 기관을 통해 제대로 반영되지 못하는 '소수자와 약자의 인권'을 보호하는 데 있다. 소수자와 약자의 인권 보장을 위해 전향적이고 선도적인 판결을 내리는 것이 헌법재판소에 요구되는 바람직한 사법 적극주의의 모습이다. 미국에서 임신부의 낙태권이 인정된 것과 인종 간 분리 교육이 철폐된 것은 입법부가 관련 법률을 제정하거나 행정부가 정책을 집행하는 과정에서 이루어진 것이 아니었다. 미국의 헌법재판소라 할 수 있는 연방 대법원이 임신부, 여성, 흑인 등의 소수자 및 약자의 인권을 보호하는 판결을 내렸기 때문에 가능했던 것이다. 이런 사법부를 진정한 '인권 보장의 최후 보루'라 말할 수 있을 것이다.

그런데 우리 헌법재판소는 '소수자와 약자의 인권 보호'에는 소극적이고 보수적인 판결로 일관하면서, 정치권이 알아서 해결하도록 맡겨두어야 할 고도의 정치적 사건에는 오히려 깊이 관여하며 사법 적극주의를 왜곡하고 있는 것 같다. 소수자와 약자의 인권 보장에 소극적인 입장을 보인 예는 무수히 많다. 대표적인 것으로 사상적 소수자인 양심범에 대해 강요되는 준법 서약서 작성

개인 경제상의 자유와 창의를 존중하는 자본주의 자유 시장 경제를 근간으로 하되 사회 복지나 사회 정의와 같은 '경제의 민주화'를 실현하기 위한 범위 내에서 국가의 경제에 대한 규제나 조정이 허락된 경제 질서를, '시장 경제 질서'에 '사회적'이라는 말을 붙여 '사회적 시장 경제 질서'라 부른다. 우리 헌법상의 경제 질서가 수정 자본주의 국가의 '사회적 시장 경제 질서'를 채택하고 있음을 분명히 하고 있는 것이다.

헌재 2002. 4. 25. 98헌마425, 99헌마170·498(병합). 이 사건에서 헌법재판소는 「국가보안법」 위반 및 「집회 및 시위에 관한 법률」 위반 수형자의 가석방 결정시 준법서약서를 제출하도록 한 「가석방 심사 등에 관한 규칙」 조항이 준법 서약자의 양심의 자유와 평등권을 침해하지 않아 합헌이라며 합헌 결정을 내렸다.

헌재 2004. 8. 26. 2002헌가1. 병역법 제88조는 현역 입영 통지서를 받은 사람이 정당한 사유 없이 입영 기일부터 5일이 경과해도 입영하지 않으면 3년 이하의 징역에 처하도록 하고 있었다. 양심적 병역거부자라는 종교적 소수자에게 징역형을 부과할 수 있도록 규정한 이 조항에 대해서도 헌법재판소는 합헌 결정을 내렸다.

헌재 2006. 5. 25. 2003헌마715, 2006헌마368. 헌법재판소는 시각장애인에 한하여 안마사 자격 인정을 받을 수 있도록 하는, 이른바 비맹제외기준(非盲除外基準)을 설정하고 있는 안마사에 관한 규칙 조항에 대해 비시각장애인의 직업 선택의 자유를 침해한다는 이유로 위헌 결정을 내렸다.

합헌 결정, 양심적 병역 거부자라는 또 다른 종교적 소수자에 대한 처벌을 규정한 병역법 규정 합헌 결정, 시각장애인 안마 사업 독점을 규정한 안마사 규칙 위헌 결정, 사상적 소수자들을 옥죄는 국가보안법 규정들에 대한 합헌 결정 등을 들 수 있다. 고도의 정치적 사건에 지나치게 개입한 예로는 2004년 대통령 탄핵 사건에서 국회법이 정한 절차를 생략하고 통과된 탄핵 소추안에 각하 결정을 내릴 수 있었는데도 본안 심사로 들어가 기각 결정을 한 점, 신행정수도 건설 특별법과 같은 민감한 정치적 사안에 대해 관습 헌법 위배라는 초헌법적 근거를 이유로 위헌 결정을 내린 점 등을 들 수 있다.

헌법재판소가 정치적 사건에 지나치게 개입하면서 우리 정치는 사법화되고 말았다. 이제 국민의 대표인 국회의원들이 법안을 만들 때 여야가 서로 대화하며 타협하려고 진지하게 노력하는 대신, 상대 세력이 입법 추진하는 법안을 위헌이라 주장하면서 의결되기가 무섭게 헌법재판소로 가져가고 있다. 그리고 헌법재판소가 그 법률에 위헌 결정이라는 사형 선고를 내려주기를 기다린다. 오늘날 헌법재판소 문 앞에는 수많은 정치적 분쟁 사건들이 폭주하고 있다. 정치적 분쟁은 정치인들이 국회에서 대화와 타협으로 해결하는 것이 옳다. 그래야 정치권의 자체 분쟁 해결 능력과 정치적 역량이 커질 수 있다. 헌법재판소의 정치적 사건에 대한 과도한 개입은 정치권으로부터 이러한 기회를 앗아가 버린 것은 물론, 헌법재판소 스스로도 불필요한 정치적 논란에 휘말려 중립적 권위를 훼손당하고 있다.

보수적 성향을 가진 헌법재판관이 자신의 정치 성향을 정치적 논의 과정에서 드러내는 것은 부적절한 일이 될 수 있다. 국회의원들은 국민의 직접 선거로 뽑힌 국민의 대표지만 헌법재판관은 국민의 대표성을 갖지 않으므로 역할이나 정치적 논의 과정에 참여하는 정도가 달라야 한다. 특히 헌법재판관들이 보수성과 같은 특정한 정치적 편향성을 보이면 균형 있고 건강한 정치적 논의 과정에 장애물이 된다.

'소수자와 약자 인권 보호'에 매진하는 인사를 헌법재판관으로 임명하는 것이 우리 헌법재판소가 제대로 된 사법 적극주의를 보여줄 수 있는 가장 확실한 방법일 것이다. 헌법재판소의 가장 중

국가보안법상의 잠입·탈출죄와 회합·통신죄 규정을 합헌 결정한 것으로는 헌재 2002. 4. 25. 99헌바27·51, 국가보안법상의 찬양·고무죄 규정을 합헌 결정한 것으로는 헌재 2004. 8. 26. 2003헌바85·102(병합) 등을 들 수 있다.

요한 존립 이유가 정치적 사건에 대한 무분별한 개입이 아니라 소수자와 약자의 인권 보호에 있음을 뼛속 깊이 자각하고, 그런 사건에 용기 있게 개입해 소수자와 약자의 인권 보호를 이루어내려는 의지를 가진 인사를 헌법재판관으로 뽑으면 된다.

　그러려면 소수자 및 약자들과 함께하며 기쁨과 슬픔을 나누어온 사람이 재판관으로 적격이다. 노동 전문 변호사로 노동 현장에서 노동자들과 같이 호흡해오면서 노동자들의 애환이 무엇이고 우리 노동 현실이 어떠하며 노동권을 헌법전 속에만 존재하는 '죽은 권리'가 아니라 '살아 있는 권리'로 만들기 위해서는 헌법재판소 결정문에 어떤 내용을 담아내야 하는지 아프게 고민해본 사람이 우리 헌법재판소에는 시급히 필요하다. 환경 단체에서 일을 했거나 환경 소송을 많이 담당해봐서 환경권의 중요성에 대해 투철한 인식을 가진 인사도 있어야 한다. 과거 김용준 제2기 헌법재판소장처럼 자신이 장애인이어서 장애인의 아픔을 잘 아는 사람도 꼭 필요하다. 또 지금같이 한 명의 여성 헌법재판관을 두는 것으로는 부족하다. 여성의 과소 대표된 의사와 이익을 헌법재판에 충분히 담아내고 남성 재판관 위주의 헌법재판소 결정이 경직될 때 여성 특유의 섬세함으로 교정해줄 수 있는 여성 헌법재판관이 더 많이, 절실하게 필요하다.

김용준 전 헌법재판소장은 1994년 9월부터 2000년 8월까지 활동한 제2기 헌법재판소의 헌법재판소장이었다. 그는 세 살 때 소아마비를 앓아 지체장애 2급 판정을 받았다.

대표되지 못하는 집단의 인권을
왜, 어떻게 보호할 것인가

법률가라면 고시 합격 수기 몇 편 정도는 감명 깊게 읽어본 기

억이 있을 것이다. 필자가 대학 시절 읽은 합격 수기들의 상당수
는 무척 감동적인 인생 역전 드라마였다. 열악하고 어려운 환경
에서 눈물겹게 고생하며 공부한 끝에 고시 합격의 영광을 누리는
가슴 뭉클한 내용들이었다. 수기의 끝부분에는 거의 예외 없이
'이제 약자와 소수자의 편에 서서 살아가겠다'는 정의로운 포부
가 담겨 있었다. 이것이 고생 끝에 고시 합격의 영예를 안은 젊은

법률가들의 순수한 초심일 것이다.

하지만 약자와 소수자 편에서 진정 그들을 위해 헌신하며 일관된 삶을 사는 법률가들을 찾아보기는 쉽지 않다. 그런 합격 수기를 쓴 이들이라도 자신의 다짐을 지켰다면 약자와 소수자를 대변하는 법률가들이 지금보다는 훨씬 더 많이 활동하고 있어야 할 텐데, 의아한 일이다.

법률가들은 원래 약자와 소수자와 친해야 한다. 그런데 우리나라 법률가들이나 법원은 약자와 소수자 보호에 대체로 소극적인 것 같다. 변호사를 수임할 돈이 없어서 본인 소송을 진행하며 스스로 모든 과정을 이끌어야 하는 약자의 이익보다는 막강한 자금력으로 훌륭한 변호사들을 대거 대동한 강자의 이익이, 그래서 소수자의 이익보다는 다수자의 이익이, 표를 계산해야 하는 국회나 민의를 반영해야 하는 행정 부서에서뿐만 아니라 법정에서도 승리하는 경우가 많았다. 우리 사회의 약자와 소수자가 억울함을 하소연하고 상처받은 몸과 마음을 기댈 마지막 보루와 같은 곳에서 그들과 함께해주는 법률가들은 별로 없었다. 약자와 소수자를 위한 삶을 살겠다던 다짐은 다 어디로 사라졌을까?

사회·경제적 약자와 소수자의 인권을 보호하기 위해 우리 헌법은 많은 권리들을 규정하고 있다. 그중에서 특히 사회권은 약자와 소수자들이 인간다운 생활을 영위하는 데 필요한 최소한의 기본적 수요를 충족할 수 있도록 보장하는 권리들이다. 사회권이 각국 헌법에 권리로 규정되기 시작한 것은 1차대전 이후였다. 근대 이후 세계 각국에서 자본주의가 발달함에 따라 빈익빈 부익부, 노

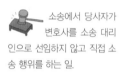
소송에서 당사자가 변호사를 소송 대리인으로 선임하지 않고 직접 소송 행위를 하는 일.

사의 대립, 주기적인 경제 공황과 이로 인한 실업자의 범람 같은 자본주의 자체의 내재적 모순들이 드러났다. 이를 계기로 사회·경제적 약자와 소수자를 포함한 모든 사회 구성원들이 최저한의 인간다운 생활을 보장받을 수 있게 하고 실질적 평등이라는 사회 정의를 실현하기 위한 사회권들이 헌법전에 등장하기 시작했다.

우리 현행 헌법에도 제31조 이하에 많은 사회적 기본권들이 규정되어 있다. 제34조에는 국민이 복지와 권익을 향상하기 위해 각종 사회 보장적 원조를 요구할 수 있는 사회 보장 수급권이 규정되어 있다. 특히 여자, 노인, 청소년, 신체장애자, 질병·노령 등 이런저런 원인으로 생활 능력이 없는 국민에 대한 특별한 보호를 규정하고 이를 국가의 의무로 선언하고 있다.

2. 기존의 소수자 집단과 인권 보장

장애인

장애인은 전통적으로 소수자 집단에 속한다. 그들은 선천적이거나 후천적인 각종 장애 때문에 생활에 많은 어려움을 겪고 경쟁적인 사회에서 직업을 갖기도 힘들어 재활과 생존 자체에 위협을 느끼며 살아간다. 시각장애인 안마사 제도를 둘러싼 여러 진통은 우리 사회에의 장애인 인권 보장의 현주소와 중요성을 극적으로 보여준다. 보건복지부 시행 규칙에 해당하는 안마사 규칙은 앞을 못 보는 시각장애인들만 일정한 교육과 훈련 과정을 거친

후 안마사가 될 수 있다고 규정하고 있었다. 대부분의 직업에서 정상인과의 경쟁에 밀려 일자리를 얻지 못하는 시각장애인들의 생존을 보장하고 재활의 터전을 제공하기 위해 시각장애인만 안마사를 할 수 있도록 법으로 정한 것이다.

이 제도에 대해 2006년 5월 25일, 헌법재판소가 위헌 결정을 내리면서 진통이 시작됐다. 헌법재판소는 시각장애인들이 안마 사업을 독점할 수 있게 한 안마사 규칙 조항이 안마사가 되려는 일반인 청구인들의 직업 선택의 자유를 '법률 유보의 원칙'과 '과잉 금지의 원칙'에 위배되게 침해하고 있어 위헌이라고 판시했다. '법률 유보의 원칙'이란 기본권 제한은 국민 대표가 제정한 법률에 의해서만 이루어져야 한다는 원칙을 말한다. 따라서 의료법이 아닌 안마사 규칙으로 시각장애인의 안마 사업 독점을 규정하여 일반인이 안마사가 될 수 없게 한 것은 법률 유보의 원칙 위반이라는 것이었다. 또한 '과잉 금지의 원칙'이란 국민의 기본권을 제한함에 있어 국가 작용의 한계를 명시한 원칙으로서 '목적의 정당성', '방법의 적정성', '피해의 최소성', '법익의 균형성'을 세부 기준으로 하며, 이 네 가지 기준 중 어느 하나에라도 저촉되면 위헌이 된다는 헌법상의 원칙을 말한다. '목적의 정당성'은 기본권 제한 법률의 입법 목적이 헌법과 법률의 체계상 정당성을 인정받을 수 있는 것이어야 함을, '방법의 적정성'은 기본권 제한 법률에서 제시된 기본권 제한의 방법이 입법 목적을 효과적이고 적절하게 달성할 수 있는 수단이어야 함을, '피해의 최소성'은 입법권자가 선택한 기본권 제한 조치가 그러한 입법 목적을 달성할

수 있는 가장 경미한 방법이어야 함을, '법익의 균형성'은 기본권 제한 법률을 통해 어떤 행위를 규제함으로써 초래되는 '사적 불이익'과 그 행위를 방치함으로써 초래되는 '공적 불이익'을 비교했을 때, 규제를 통해 얻어지는 공익이 더 크거나 적어도 양자 간에 균형이 유지되어야 함을 의미한다.

안마사 규칙이 시각장애인만 안마사가 될 수 있게 함으로써 비시각장애인의 안마 사업 진입을 원천적으로 봉쇄하고 있기 때문에 '피해의 최소성'에 어긋나고, '시각장애인의 생계 보장'이라는 입법 목적을 달성하기 위한 적절한 수단이 아니어서 '방법의 적정성'에도 저촉되며, 시각장애인에게만 안마 사업을 독점시켜 얻어지는 '시각장애인의 생계 보장'이라는 공익보다 이 때문에 비시각장애인들이 받게 되는 직업 선택의 자유에 대한 기본권 침해의 강도가 훨씬 크므로 '법익의 균형성'에도 어긋난다는 것이 헌법재판소 7인 재판관의 다수 의견이었다.

　그러나 이러한 법리 구성에는 문제가 많다. 첫째, 헌법재판소도 판결문에서 밝혔듯이 일반인이 법률 규정을 보고 하위 규범으로 어떠한 사항이 정해질지 미리 어느 정도 예측할 수 있다면, 일반적으로 법률 유보의 원칙은 충족되는 것으로 봐야 한다. 일제 강점기였던 1915년 이후로 안마사 하면 시각장애인을 떠올릴 정도로 안마사는 시각장애인이 독점하는 직업이라는 것이 우리 국민의 일반적 법의식이며, 헌법재판소가 신행정수도 이전에 관한 특별법 위헌 결정에서 애용한 우리 사회의 '관습법'인 것이다. 시각장애인들도 안마 사업은 원칙적으로 자신들에게만 허가되는 업종이라고 여겨 그에 관한 정부 정책을 신뢰해왔다. 안마사 규칙의 모법(母法)인 의료법에서 이미 '안마 사업은 시각장애인에게만 인정된다'는 규정이 관습법의 형태로 행간에 존재한다고 봐야 했다. 따라서 법률 유보 원칙에 위배되지 않는다고 보는 것이 옳다. 이는 판결이 나기 3년 전인 2003년에 비시각장애인의 안마 행위 처벌을 규정한 의료법 제67조에 대한 합헌 결정에서 헌법재판소가 취했던 논지이기도 하다.

　둘째, 과잉 금지의 원칙에도 위배된다고 보기 어렵다. 헌법재판소는 시각장애인이 다른 직업을 갖기 어렵고 안마 사업은 그들 스스로 해나갈 수 있는 거의 유일한 생업이라는 점을 직시했어야

1915년 이후로 일제는 시각장애인만 안마 사업을 영위할 수 있도록 했고, 이러한 조치가 '안마사 = 시각장애인'이라는 인식을 우리 국민들에게 심어주었다.

한다. 시각장애인의 신체 조건을 고려할 때 이들에게만 안마사 자격을 허용하는 것은 '시각장애인의 생계 보장'이라는 입법 목적을 이루기 위한 적절한 수단이 될 수 있으므로 '방법의 적정성'에 어긋나지 않는다. 시각 대신 촉각이 발달한 시각장애인들이 체계적인 안마 지식을 습득해 안마사로 진출할 수 있게 하는 것은 상당히 합리적이며, 시각장애인 보호와 그들의 생계 보장을 위해서도 효과적인 수단이 될 수 있기 때문이다.

김효종 재판관의 반대 의견에도 잘 나와 있듯이, 일반인도 물리치료사 등의 자격을 취득해 안마 사업에 종사할 수 있기 때문에 안마사 규칙이 일반인의 안마 사업 진입을 원천적으로 봉쇄하는 것도 아니었다. 따라서 '피해의 최소성'에도 어긋나지 않는다. 시각장애인이 안마사 말고 다른 직업에서 일반인과 대등하게 경쟁하기란 거의 불가능하다. 반면 일반인들은 안마사가 될 수 없다 해도 얼마든지 다른 직업을 가질 수 있다. 따라서 안마 사업을 시각장애인들에게 독점시켜 그들의 생존권을 보장했을 때의 공익은 일반인의 직업 선택의 자유를 보호하는 것과는 비교도 할 수 없으리만치 크다고 봐야 했다. 결국 '법익의 균형성'에도 어긋나지 않는다.

이상에서 알 수 있듯이, 안마사 규칙이 '법률 유보의 원칙'과 '과잉 금지의 원칙'에 어긋나고 직업 선택의 자유를 침해한다는 다수 의견의 논리에는 문제가 많다. 이 사건은 시각장애인의 인간다운 생활을 할 권리인 생존권과 비시각장애인의 직업 선택의 자유가 충돌하는 기본권 충돌의 문제로 접근하는 것이 맞다. 헌법학에서 '기본권 충돌'이란 복수의 기본권 주체가 서로 충돌하는 권익을 실현하기 위해 국가에 각기 대립하는 기본권 적용을 주장하는 경우를 말한다. '기본권 충돌'의 해결을 위한 이론으로 일차적으로 '법익 형량의 원칙'이 있다. 이 원칙은 충돌하는 기본권들의 법익을 비교해 보호 법익이 더 큰 기본권을 우선 사안에 적용하고 보호 법익이 더 작은 기본권은 적용하지 않는 것이다.

우리나라와 독일의 학계는 '생존권 우선의 원칙'을 법익 형량의 원칙 중 하나로 인정하고 있다. 인간다운 생존을 보장하는 기본권은 경제적 기본권 등 그 밖의 법익을 보장하기 위한 기본권보다 우선하는 효력을 가진다는 원칙이다. '생존권 우선의 원칙'을 적용하면, 우리 헌법 제34조 제5항 등에서 도출되는 시각장애인의 생존권, 즉 인간다운 생활을 할 권리가 일반인의 경제적 기본권인 '직업 선택의 자유'보다 우선한다. 따라서 시각장애인이 안마사 자격을 독점하게 한 안마사 규칙은 시각장애인의 생존권과 일반인의 직업 선택의 자유가 충돌하는 '기본권 충돌'의 상황에서 '법익 형량의 원칙'에 따라 더 우월한 기본권인 시각장애인의 생존권을 일반인의 직업 선택의 자유에 우선하게 한 조항, 그 이상도 그 이하도 아니었다. 안마사 규칙은 위헌이 아니라 시각장애인의 생존권과 일반인의 직업 선택의 자유의 충돌 상황을 합리적으로 잘 조정한 합헌 규정이었던 것이다.

그러나 우리 헌법재판소는 헌법 제15조의 직업 선택의 자유만을 필요 이상으로 주목하고, 같은 헌법 제34조 제5항이 규정한 장애인 생존권 조항을 외면했다. 나무는 봤는데 또 다른 나무와

생존권

직업 선택의 자유

시각장애인

일반인

전체 숲은 보지 못한 것이다. 헌법은 약자에게 특별한 보호의 손길을 건네는 '따뜻한 법'이다. 일반인과 약자를 동일선상에 올려놓고 '다른 것을 같게' 대우하는 차가운 '냉혈 법'이 아니다. 이런 점에서 헌법재판소의 시각장애인 안마사 제도에 대한 위헌 결정은 헌법을 충분히 반영하지 못한 아쉬운 반쪽짜리 결정이라고 평가할 수 있다.

외국에서도 시각장애인의 생계 안정을 위해 그들에게만 특정 직업의 독점권을 주는 '유보 고용' 대책을 많이 마련하고 있다. 스페인은 복권 판매를, 미국은 연방 정부와 주 정부 자판기를 시각장애인들만 관리하도록 하고 있다. 그리스와 이탈리아에서는 공공 기관이나 은행의 전화 교환원의 일정 비율을 시각장애인에게 할당하고 있다. 지금까지 이들 나라에서 이러한 '유보 고용' 대책이 위헌 결정을 받았다는 소식은 들은 적이 없다.

결정 형식도 문제였다. 설령 백번 양보해 안마사 규칙에서 위헌의 소지를 발견했더라도 헌법재판소는 위헌 결정이 아니라 헌법 불합치 결정을 내렸어야 했다. 위헌 결정이 내려지면 그 규정이 당장 효력을 상실하는 반면, 헌법 불합치 결정은 그 규정의 위헌성은 지적하면서도 잠정적으로 효력을 유지시켜 국회가 법을 개정할 기회를 주는 결정 형식을 말한다. 안마사 규칙은 당장 무효화해야 하는 시급한 위헌 규정이 아니었던 만큼 헌법 불합치 결정을 내려 국회가 대체 입법을 마련하도록 하면 됐을 것이다. 당시에 위헌 결정으로 안마사 규칙이 효력을 상실해도 대체 입법이 나와야 일반인이 안마 사업을 할 수 있으므로 위헌 결정이나 헌법 불합치 결정이나 같다는 주장이 있었다. 그런데 이것은 위헌 판결의 상징적 의미를 간과한 주장이다. 헌법재판소가 위헌 결정을 내리자 모든 사람들이 안마사 규칙이 잘못된 것이었고, 이제는 완전히 폐지되었다고 인식하게 되었다. 곧바로 무자격 안마 업소가 성행했다. 그렇지 않아도 스포츠 마사지, 경락 마사지 업소와 각종 무자격 퇴폐 안마 업소들이 전국에 10만 곳 넘게 범람하고 있어 시름이 깊던 시각장애인들이었다. 헌법재판소의 위헌 결정은 시각장애인들의 현실에 대한 '실망'을 '절망'으로 바꿔놓았다.

시각장애인 안마사 규칙에 대한 헌법재판소의 위헌 결정이 내

'대체 입법'이란 헌법재판소가 위헌의 소지가 있다는 취지의 헌법 불합치 결정을 내리면 국회가 헌법재판소의 결정 취지에 따라 만드는 위헌성이 제거된 새로운 법률을 말한다.

려진 이후, 사회적 파장은 걷잡을 수 없이 커져갔다. 특히 이 위헌 결정을 비관한 시각장애인들의 희생이 컸다. 죽음을 불사한 교각 투신 시위가 벌어졌고 몇몇 시각장애인들이 자살을 택했다. 시각 장애인의 생존권은 보장하면서도 헌법재판소의 위헌 결정 취지 는 살려내는 대체 입법을 제정하는 등의 돌파구를 시급히 모색해 야 했다.

뒤처리는 국회가 맡았다. 그리고 대한민국 국회는 국민의 기대 를 저버리지 않고 규칙이 아니라 법률인 '의료법'에 시각장애인

에게만 안마 사업권을 보장하는 내용을 추가해 법 개정에 들어갔다. 위헌 결정이 내려진 같은 해 2006년 9월 27일에 의료법 제61조 제1항이 개정됐다. 안마사 규칙에 있던 내용이 거의 그대로 법률로 옮겨가, 법률 유보 원칙 위반이라는 헌법재판소 위헌 결정의 논거 하나가 해결됐다. 시각장애인이 안마 사업을 독점하는 것이 과잉 금지 원칙에 위배되는지 아닌지만 남았다.

이 개정된 의료법 제61조 제1항에 대해 스포츠 마사지 연합회 회원들을 중심으로 헌법 소원이 또 제기됐다. 그러자 이번에는 제4기 헌법재판소가 의료법으로 올라온 시각장애인 안마사 제도에 대해 2008년 10월 30일에 합헌 결정(2006헌마1098)을 내렸다. 이번에는 헌법재판소가 헌법 제34조 제5항에 규정된 장애인의 생존권에도 눈을 떴다. 헌법재판소는 비시각장애인의 직업 선택의 자유도 존중받아야 하지만 시각장애인의 생존권도 존중받아야 하는데, 이 사건에서 안마 사업을 통해 생계를 유지하고 재활의 터전으로 삼으려는 시각장애인의 생존권이 비시각장애인의 직업 선택의 자유보다 우선하므로 개정된 의료법 제61조 제1항이 합헌이라고 판시한 것이다. 의료법 개정과 2008년 10월 30일의 헌법재판소 합헌 결정으로 안마 사업은 다시 시각장애인의 품으로 돌아갔다. 안마 사업이 시각장애인의 생계 유지 수단이며 재활의 터전임을 대한민국 국회와 헌법재판소가 인정한 것이다.

여성

여성의 인권과 관련해 국내외를 막론하고 쟁점이 되었던 것은 바로 임신부의 낙태권이다. 이 권리의 발전 과정은 미국의 예가 잘 보여준다.

미국에서 낙태권이라는 권리를 처음으로 도출해낸 연방 대법원 판결로 1973년의 로 대 웨이드Roe v. Wade 판결(410 U.S. 113)이 유명하다. 이 사건에서 위헌 심사에 오른 텍사스 주 낙태법은 임신이 지속되었을 때 임신부의 생명이 위태로운 경우를 제외하고는 낙태를 전면적으로 금지하고 있었는데, 이는 당시 대부분의 미국 주들이 채택한 전형적인 내용이었다. 로Roe는 텍사스 주 구석구석을 떠도는 순회 서커스단의 여성 매표원이었다. 그런데 어느 날 동네 불량배들에게 납치되어 윤간을 당하고 임신까지 하게 되었다. 로는 낙태하려고 병원을 찾아갔다. 하지만 텍사스 주 낙태법 때문에 의사가 낙태 수술을 거부했고, 대신 이 주 법에 대해 위헌 소송을 제기하라며 변호사를 소개해줬다. 이 사건이 대법원에 올라가는 동안 로는 아기를 낳았지만, 낙태의 금지와 처벌은 그 위헌 여부가 장래에 얼마든지 다시 문제될 수 있음이 인정되어 소송은 계속 진행되었다.

블랙먼Harry A. Blackmun 대법관이 집필한 유명한 다수 의견은, 헌법상의 기본권인 사생활권은 임신 여성이 임신을 그만둘 권리를 포함한다고 판시하면서 로의 손을 들어줬다. 낙태를 전면적으로 금하는 텍사스 주 법에 대해 위헌 결정을 내린 것이다. 미국 연방 대법원은 우선 연방 헌법이 사생활권에 관해 명시적 규정을 두고 있지는 않지만, 그전부터 이 권리를 인정해왔으며, 선판례들을 참고했을 때 개정 헌법 제14조의 인간의 '자유'에 근거

 미국 판결문에 곧잘 등장하는 '로Roe'나 '도Doe'는 본명이 아니고 우리말의 '모모'에 해당하는 말이다. 소송 당사자의 이름을 밝히지 않아야 할 이유가 있을 때 사용하는 익명의 성으로 로는 보통 여성에게, 도는 보통 남성에게 사용한다.

하건, 개정 헌법 제9조의 열거되지 않은 국민의 권리에 근거하건, 사생활권은 범위가 아주 넓은 포괄적 권리여서 여성이 임신 중단 여부를 결정할 권리도 포함한다고 봤다.

연방 대법원은 사생활권과 같은 근본적 권리를 제한하는 주 법 조항은 긴절한 주의 이익을 위해서만 정당화될 수 있으며, 이때에 도 그 주 법은 좁게 구체적으로 규정되어야만 한다고 강조했다. 그리고 이 사건에서 텍사스 주는 태아가 개정 헌법 제14조에 의 해 생명권이 보장되는 '인간'에 포함된다고 주장하지만, 아직 그 런 취지의 판결이 내려진 적이 없고 태아를 인간으로 인정하는 법도 없으므로, 그런 입증되지 못한 가설을 근거로 궁지에 처한 임신 여성의 권리를 억누를 수는 없다고 보았다. 그러나 임신 여 성의 사생활권이 절대적인 것이 아니고, 임신 여성의 보호와 잠재 적 생명의 보호 모두 주 정부의 정당한 이익인데 두 이익이 임신 기간이 진행되면서 점점 더 커져서 어느 시점에서는 각각의 이익 이 모두 긴절한 것이 된다는 것이 연방 대법원의 판단이었다.

연방 대법원은 임신 첫 3개월 동안은 낙태로 인한 임산부 사망 자 수가 출산으로 인한 임산부 사망자 수보다 더 적다는 점에 주 목했다. 그래서 임신을 하고 처음 세 달 동안은 임신부가 의사와 상의해 자유롭게 낙태를 할 수 있고, 임신 4개월째부터는 임신 여 성의 건강을 보호하기 위해 낙태 절차를 규제하는 한에서 낙태를 할 수 있으며, 임신 마지막 석 달인 7개월부터 9개월까지는 태아 가 모체 밖으로 나와도 사실상의 생존 능력을 가질 수 있는 시기 로서 주 정부가 잠재적 생명의 보호라는 주 정부의 이익을 증진시킨다는 의미에서 임신 여성의 생명을 구하기 위한 낙태를 제외한 모든 유형의 낙태를 규제하거나 금지할 수 있다고 봤다. 이러한 논리에 입각해 봤을 때, 텍사스 주 법은 임신 초기 단계에서의 낙태와 그 후 단계에서의 낙태를 구분하지 않고 너무 광범위하게 낙태를 규제하고 있어서 위헌 무효라고 판시했다.

이 판결이 임신 여성의 사생활권인 낙태권을 태아의 생명권보다 우위에 두고 낙태를 전반적으로 승인한 것이라고 오해하면 안 된다. 이 판결은 임신 기간을 3개월씩 세 부분으로 나누어 첫 석

달은 자유로운 낙태가 가능하게 했지만 마지막 석 달은 오히려 태아의 생명권을 강조해 임신부의 생명을 구하기 위한 낙태를 제외한 모든 유형의 낙태를 금지했다. 임신부의 사생활권과 태아의 생명권의 충돌을 '3분기 이론틀'이라는 절충 방안을 제시해 조화롭게 해결한 것이다.

사생활권에 속하는 권리들은 모두 결혼, 출산, 자녀 양육에 관련된 것들이다. 피임약이나 피임 기구를 사용할 권리, 가족과 함께 살 권리, 자녀 양육과 교육을 감독할 권리, 결혼의 자유 등이 여기에 포함된다. 로 대 웨이드 판결은 낙태권을 사생활권의 하나로 선언했다. 그런데 주 정부는 낙태권을 제한할 수 있다. 다른 유형의 수술에는 지원하는 의료 보험 등의 공적 자금 지원을 낙태 수술에는 거부할 수 있는 것이다. 또한, 가족계획 관련 병원에 공적 지원을 하는 대가로 그 병원의 의사가 낙태를 권하지 않고 다른 낙태 시술자에게 환자를 소개하지 말 것을 요구할 수 있다. 낙태를 허용할 경우에도 시술되는 낙태의 유형에 관한 규제 권한이 있어서 두 번째 분기인 임신 4개월에서 6개월 사이에는 낙태를 할 때 반드시 병원에서 하도록 요구할 수 있다.

최고 법원에게 요구되는 바람직한 사법 적극주의의 모습은 소수자 및 약자의 인권 보장을 위해 전향적이고 선도적인 판결을 내려가는 것이라고 할 수 있다. 미국에서 임신부에게 낙태 결정을 할 수 있는 권리를 인정한 것은 입법부의 법률이나 행정부의 정책 집행을 통해서가 아니었다. 미국의 최고 법원인 연방 대법원이 임신부의 인권을 보호하려고 용기 있게 전향적 판결을 내림으로써 이러한 어마어마한 변화가 가능했다. 이런 모습의 최고 법원만이 진정한 의미에서 '인권 보장의 최후 보루'라 불릴 자격을 가지는 것이 아닐까.

형사 절차상의 피의자와 피고인

우리 헌법은 무죄 추정의 원칙을 명문화하고 있다. 이 원칙에 따라 유죄가 확정될 때까지 모든 형사 피의자와 형사 피고인은 무죄이므로 어떤 경우에도 죄인으로 취급받아서는 안 된다. 그런데 수사 대상을 구속하고 수사를 진행하다 보면 이 무죄 추정의 원칙이 무력해진다. 죄가 있다고 미리 인정하거나 죄에 대한 형을 이미 집행하는 것처럼 여기고 구속된 사람을 은연중에 죄인 취급할 수 있기 때문이다. 구속은 헌법에 보장된 신체의 자유를 크게 제한하는 것이므로 법률과 적법한 절차에 따라 부득이한 경우에만 예외적으로 행해야 한다. 예외여야 할 구속이 원칙으로 둔갑해서는 안 된다. 그 경우란 형사 소송법에 규정되어 있는 대로 상당한 범죄 혐의가 있으면서 주거가 명확하지 않거나, 증거 인멸 및 도주의 우려가 있을 때를 말한다. 그렇지 않다면 아무리 죄를 범했다고 의심할 만한 상당한 이유가 있다 해도 구속해서는 안 된다. 구속 제도는 피의자나 피고인의 수사 기관 및 법원에의 출석 확보를 위해 만일의 상황에 대비하여 마련한 장치에 불과하다. 따라서 구속의 남용은 반헌법적, 반인권적 권력 남용에 다름 아니다.

우리나라에서는 보통 한 해 동안 8만 명 정도가 구속된다. 이웃

 헌법 제27조 4항. "형사 피고자는 유죄 판결이 확정될 때까지는 무죄로 추정한다." 이 원칙의 연원은 1789년 프랑스 혁명 당시의 인권 선언 제9조 "누구든지 범인으로 선고되기 전까지는 무죄로 추정한다"는 규정으로까지 거슬러 올라가며, 유엔이 제정한 세계 인권선언 제11조에도 무죄 추정의 원칙이 명시되어 있다. 이 추정은 법원의 유죄 판결 확정에 의해서만 깨질 수 있다.

나라 일본과 비교해도 세 배가 넘는 수다. 구속 영장의 신청 대비 발부율도 매우 높아 대략 80퍼센트에 달한다. 무엇보다 공판 사건에서 구속자 수가 불구속자 수보다 많다는 점은 우리나라에 불구속 재판 원칙이 뿌리내리지 못했음을 보여준다. 구속 위주의 수사나 재판은 피의자나 피고인을 고립시켜 그들이 방어권을 행사하는 것을 여러모로 방해한다. 부작용도 크다. 피의자나 피고인이 우선 구속 상태를 벗어나고 보자는 절박감에서 허위 자백을 하거나, 서둘러 피해자와 무리한 합의를 할 수 있기 때문이다. 불구속이 아니라 구속을 원칙으로 삼는 행태는 법조 비리와 사법 불신의 먼 원인이 되기도 한다. '무죄' 판결을 얻기 위해서가 아니라 오로지 당장의 '구속' 상태를 면하기 위해 피의자나 피고인이 소위 전관, 즉 판사나 검사 출신 변호사를 찾아가 엄청난 수임료를 지불해가며 사건을 맡기는 경우가 비일비재하다. 그러나 이런 전관 수임은 돈 있는 이들에게나 가능한 일이다 보니 가난한 피의자나 피고인은 싸늘한 철창 속 구속 상태를 면하기 힘들다. '무전유죄, 유전무죄'라는 탄식이 나올 수밖에 없다.

참여정부 시절인 2005년 사법제도개혁추진위원회가 인신 구속 제도와 관련해 몇 가지 전향적인 개선책을 시도한 적이 있었다. 우선 석방 조건을 다양화해 영장 단계에서 법원이 조건을 붙여 피의자를 석방할 수 있게 했다. 사실상 구속 집행을 상당 부분 줄일 수 있는 권한을 법원에게 준 것이다. '조건'은 본인 서약서, 제3자 보증서, 출국 금지, 피해자에 대한 접근 금지 등 판사가 판단하기에 피의자나 피고인의 출석 확보를 위해 합당한 것이면 비

금전적인 것도 석방 조건이 될 수 있었다. 유전무죄, 무전유죄의 시비를 줄이려는 의지가 엿보이는 대목이다. 그러나 이러한 개선책은 국회의 문턱을 넘지 못해 입법화되지 못했다.

  사법 개혁의 여러 쟁점들 중 구속 제도의 개혁만큼 국민 생활과 직접적으로 맞닿아 있는 것도 드물다. 이러한 개선 시도는 수사 기관의 수사 편의주의를 위해 국민의 신체의 자유가 희생당하는 것을 막아 국민 생활을 보호하려 했다는 측면에서 긍정적 평가를 받을 만하다. 수사 기관이 사람을 구속해놓지 않고도 그 죄를 용이하게 밝혀낼 수 있는 과학적인 수사 기법의 개발이 이러한 개선안 마련과 병행되어야 할 것이다.

3. 새로운 소수자 집단의 등장과 법의 미래

성적 소수자

'성적 소수자'는 '성소수
자'라고도 불리며, 사회
적 다수인 이성애자와 비교되
어 동성애자, 양성애자, 트랜스
젠더, 무성애자 등 성적 지향
이나 성 정체성과 관련된 소수
자를 말한다.

사회가 발전하면서 새로운 소수자 집단들이 등장하고 있다. 그
중 하나가 성적 소수자라고 할 수 있는 동성애자들이다. 과거 동
성애자들은 동성애를 부정하다고 믿는 사람들로부터 폭행과 살
인 협박 등에 시달려왔다. 적지 않은 종교 집단들이 동성애를 교
리에 어긋나는 것이라며 배척하기도 했다. 이렇게 억압받아온 동
성애자들이 세계 각국에서 목소리를 높여 자신들의 인권을 주장
하기 시작했다. 특히 미국에서는 동성 간의 결혼을 의미하는 동
성혼(同性婚)same-sex marriage 합법화 운동이 동성애자들의 인
권 보장 차원에서 활발하게 일어나고 있다. 동성혼을 헌법적으로
보호해야 하는가 하는 문제는 현재 미국 헌법학계에서 가장 논란
의 중심에 있는 주제 중 하나다.

미국에서는 오래전부
터 동성혼 합법화를 위
해 여러 인권단체들을 중심으
로 두 가지 방향에서 활발한
운동이 전개되었다. 하나는 이
들 인권단체들이 주 의회를 압
박하면서 이성애자만을 인정하
는 주 법의 개정운동을 벌이는
방식이고, 다른 하나는 동성혼
을 금지하고 동성 커플들에게
여러 법적 불이익을 주는 주
법 규정들에 대해 사법부에 위
헌 소송을 제기하는 방식이다.

동성애자의 인권과 관련해서는 미국 연방 대법원이 1996년에
내린 로머 대 에반스Romer v. Evans 판결(116 S.Ct. 1620, 134 L.
Ed. 855)이 주목할 만하다. 이 판결은 동성애를 범죄로 보는 주
법을 합헌이라고 판시한 십 년 전의 보워스 대 하드윅Bowers v.
Hardwick 판결(478 U.S. 186)과는 다른 입장을 보였다. 동성애
를 범죄로 처벌하는 주 법을 만들 수는 있지만, 평등 보호 조항과

결혼 평등을 지지하는 사람들.
2013년 3월 워싱턴DC 연방
대법원 앞. 사진 Elvert Barnes

관련해 동성애자 집단을 차별하지 못하게 하는 지방 자치 단체의
조례 제정을 금할 수 없다는 점을 밝힌 것이다.

이 사건의 사실 관계는 다음과 같다. 1992년에 콜로라도 주 주
민 발의가 주민 투표로 통과되었는데, 이 주 법은 '주 개정 법률
제2조'라고 불렸다. 이 법은 '성적 선호'를 이유로 한 차별 금지를
주 내의 지방 자체 단체가 조례로 만들지 못하게 했다. 즉, 특이한
'성적 경향'을 가진 주민들에 대한 차별을 가능하게 하는 주 법을
통과시킨 것이다. 콜로라도 주 대법원은 이 법률에 대해 평등 조
항 위배를 이유로 위헌 판결을 내렸고, 이어 이 사건은 연방 대법
원에 상고되었다.

케네디 대법관이 집필한 다수 의견은, 지방 자치 단체가 어떤
집단의 사람들에 대한 차별을 금하는 것을 오히려 금지하는 주

법을 주 정부가 만들 수 없다고 판시했다. 문제가 된 주 개정 법률 제2조가 '정치적 과정'에의 접근이라는 면에서 특별한 부담을 지우기 때문에 특정 집단에 넓고 특별한 부담을 지우는 것으로 받아들였다. 이 법에 의해 영향을 받지 않는 집단, 즉 이성애자들이 이러한 정치적 과정에 더 큰 접근 가능성을 가진다고 본 것이다.

이런 점에서 이 법은 연방 개정 헌법 제14조의 평등 조항과 명백히 관련되며, 따라서 정부의 정당한 목적에 합리적 관련성을 가져야만 하는데도, 이 법은 그 어떤 정당한 목적에도 기여하지 않고 다만 그 자체의 목적만을 위해 '성적 경향'이라는 특수한 상태에 근거해 주민을 부당하게 차별하는 법으로 위헌이라고 본 것

'정치적 과정'이란 정치적 대표들에 의해 특정 쟁점이 논의되고 해결되어가는 과정을 말한다. 즉, 주 의회 의원들이 모인 주 의회에서 동성혼 문제가 논의되고 주 법으로 만들어지면서 해결되어가는 과정을 의미한다.

이다.

외국인

급속한 세계화로 그야말로 '지구촌'이 되어버린 현대 사회에서 인구의 이동은 자연스러운 일이 되었다. 한국도 산업이 발전하면서 외국인 노동자들이 많이 들어왔고, 국제결혼도 폭발적으로 증가해 다문화 가정이 사회 문제로까지 대두되고 있다. 대한민국이라는 한 지붕 밑에 같이 사는 이상, 외국인들도 동등한 인간으로서 여러 인권들을 누릴 수 있고 또 누려야 한다.

외국 이민자들이 세운 나라인 미국도 미국에서 태어나지 않은 이상 시민권을 취득하지 못하면 외국인이다. 과거 미국에서는 외국인에 대한 각종 차별이 빈번히 일어나면서 외국인의 평등권 문제가 일찍부터 제기되었다.

남북전쟁 이후 개헌을 통해 들어온 미국 개정 헌법 제14조 평등 조항의 첫 번째 목표는 소수 인종, 그중에서도 특히 흑인에 대한 법적 차별을 막는 데 있었다. 따라서 현재까지 소수 인종에 대한 차별이 정당화된 경우는 거의 없다. '인종'은 역사적으로 매우 오욕적인 효과를 가지는 가시적인 차별 사유 또는 차별 대상이었다. 그것은 후천적 노력으로 변화시킬 수 있는 사유가 아니기 때문이다. 또한 흑인과 같은 소수 인종은 대대로 '일반적인 정치적 과정'에 참여해 자신들의 이익을 대변하고 보호하기 어려웠다. 그래서 인종이 연루된 차별은 '위헌의 의심이 가는 차별'로 분류되어 엄격 심사를 적용하고, 고의적인 인종 차별이 확인되면 정부는 무거운 합헌의 입증 책임을 진다.

'출신 민족'은 중국계, 일본계와 같이 어느 민족 출신인가를 말하는데, '인종'과 거의 구별되지 않고 같이 쓰이는 말이다. 외국인에 대한 차별도 엄격 심사의 대상이 되기도 한다. 출신 민족이 어디인지, 외국인인지 아닌지에 따라 이루어지는 차별은 엄격 심사라는 심사 기준이 틀을 갖추기 전에도 미국 사회에서 엄격히 금지하는 차별의 하나로 취급되었다. 이와 관련해서는 미국에 연방 대법원이 생기고 몇 년 지나지 않아 나온 아주 오래된 초기 판결인 1886년의 이허 대 홉킨스Yick Wo v. Hopkins(118 U.S. 356) 판결이 유명하다. 이 사건의 사실 관계는 다음과 같다.

샌프란시스코 시의 시 조례는 돌이나 벽돌로 만들어진 건물이 아니면 감독 위원회의 동의 없이 그 안에서 세탁소를 운영하는 것을 불법으로 금하고 있었다. 표면상으로는 화재 위험이 큰 세탁소를 운영하려면 불에 잘 타지 않는 돌이나 벽돌로 만들어진 건물이어야 화재를 예방할 수 있다는 합리성 있는 제한이었다. 그러나 사실 감독 위원회는 세탁소 운영을 '중국계 주민' 말고 백인에게만 허가하기 위해 이러한 시 조례를 만든 것이었다. 샌프란시스코 항의 부두 노역자로 미국에 공수된 중국인들이 허름한 판잣집을 짓고 차이나타운을 형성해 모여 살며 세탁업에 종사하고 있었기 때문이다. 이허(益和)Yick Wo도 그중 한 명이었다. 그는 판잣집에서 세탁소를 운영하다가 시 조례 위반으로 체포되었고, 하급심에서 유죄 판결을 받았다. 이에 그는 시 조례가 백인과 소수 인종을 차별하고 있다고 주장하며 연방 대법원에 상고했다.

매슈스Stanley Matthews 대법관이 집필한 대법원의 다수 의견은 법 자체는 유효하더라도 그 법이 자의적이고 차별적으로 적용된다면 이는 위헌이라고 판시했다. 다음은 그 추론의 요지이다.

본 사안과 같이 법이 부당하게 차별적으로 적용된다는 것이 객관적으로 입증되면 법원은 그 법을 위헌 판결할 수 있다. 시 조례 자체의 합헌성이나 유효성을 따지지 않고도 우리는 이러한 결론을 내릴 수 있다. 비록 시 조례 자체는 합헌적이고 유효하다 하더라도, 샌

프란시스코 시의 감독 위원회는 중국계 주민을 세탁업에서 배제하기 위해 그 시 조례를 매우 차별적이고 악의적인 방법으로 적용했다. 그러한 차별 대우는 개정 헌법상의 평등 조항의 정신과 규정에 모두 위배되는 것이므로 이허에 대한 유죄 판결을 파기한다.

이허 판결은 법의 '내용'이 아니라 행정부나 지방 자치 단체에 의한 그 법의 '적용'이 부당하게 차별적일 때에도 그 법이 위헌일 수 있다고 선언한 점에서 주목을 끈다. 그리고 그에 못지않게 출신 민족과 국적에 근거한 차별을 대표적인 평등권 침해 사례로 바라봤던 미국 연방 대법원의 이방인 보호 정신이 돋보이는 판결이기도 하다.

이제는 우리나라도 외국인에 대한 차별이나 외국인 인권 문제에서 자유로울 수 없다. 미국은 세계 각국의 이민족들이 모여 이룩한 나라이다 보니 외국인들에게 포용적일 수밖에 없었을 테니, 순수 혈통의 단일 민족 국가인 우리와 미국의 사정을 평면적으로 비교해서는 곤란하다. 그러나 급속한 개방과 가속화되는 세계화가 대한민국 헌법이 '한민족의 헌법'이 아니라 '만인의 헌법'이 될 것을 요구하고 있는 만큼, '열린 헌법'은 중요한 헌법적 화두가 될 것이다.

깊이 읽기

양심적 병역거부에 대한 헌법 재판소 결정(헌재 2004. 8. 26. 2002헌가1)

이 사건의 심판 대상은 병역법 제88조 제1항과 제1호였다. 병역법 제88조 제1항은 "현역 입영 또는 소집 통지서를 받은 사람이 정당한 사유 없이 입영 또는 소집 기일부터 다음 각 호의 기간이 경과하여도 입영하지 아니하거나 소집에 불응한 때에는 3년 이하의 징역에 처한다. 다만, 제53조 제2항의 규정에 의하여 전시근로소집에 대비한 점검 통지서를 받은 사람이 정당한 사유 없이 지정된 일시의 점검에 불참한 때에는 6개월 이하의 징역이나 200만 원 이하의 벌금 또는 구류에 처한다. 1. 현역 입영은 5일"이라고 규정하고 있었다.

이 사건의 피고인 겸 제청 신청인은 현역 입영 대상자로서 현역병으로 입영하라는 병무청장의 현역 입영 통지서를 받고도 입영일로부터 5일이 지나도록 이에 응하지 않아서 병역법 제88조 제1항 제1호 위반으로 서울지방법원 남부지원에 공소 제기되어 재판을 받게 되었다. 이에 제청 신청인은 자신의 재판에 적용되는 병역법 제88조 제1항 제1호가 종교적 양심에 따른 입영 거부자들의 양심의 자유 등을 침해한다고 주장하면서 법원에 위헌 제청 신청을 했고, 이를 받아들인 법원은 이 규정에 대하여 헌법재판소에 위헌 여부 심판을 제청했다.

헌법재판소는 결정문의 주문을 통해 "병역법 제88조 제1항 제1호는 헌법에 위반되지 아니한다"고 판시했다. 즉 양심상의 결정에 의한 집총 거부자도 입영 기피자로 처벌하는 병역법 제88조 제1항 제1호에 대해 헌법재판소가 양심의 자유를 침해하거나 평등 원칙을 위반하지 않는다며 합헌 결정을 내린 것이다. 양심의 자유를 '양심 형성의 자유'와 '양심을 지키는 자유'라는 내면적 자유로 구분하면서 이를 절대적 기본권으로 보는 학설의 통설과 달리, 헌법재판소는 양심의 자유를 내면적인 '양심 형성의 자유'와 외면적인 '양심 실현의 자유'로 구분하면서 '양심 실현의 자유'는 이를 법률에 의한 제한이 가능한 상대적 자유로 보고 있음에 주목할 필요가 있다. 양심적 집총 거부를 처벌하는 병역법 규정은 상대적 자유인 '양심 실현의 자유'에 대한 합헌적 제한이라는 것이 본 결정의 핵심이다.

그러나 다른 외국의 판례나 학설들은 양심의 자유를 내심의 자유로만 파악하고 있다. 즉 우리 헌법재판소처럼 '양심 실현의 자유'를 양심의 자유에 포함시키지 않고, '양심 실현'의 문제는 양심의 자유가 아니라 표현의 자유의 문제라고 보는 것이다. 결국 우리 헌법재판소는 양심의 자유에 관한 외국의 법리와는 달리 '양심 실현의 자유'를 양심의 자유의 하나로 인정하면서, 양심상의 결정에 의한 입영 거부를 처벌하는 병역법 규정은 '국가 안보'라는 대단히 중요한 '공익'을 위해 개인의 '양심 실현의 자유'를 합헌적으로 제한한 합헌 규정이라고 판단하고 있다.

인권의 제한과 인권들 간의 충돌을 둘러싼 쟁점

제5장

1. 법률에 의한 인권의 제한

모든 인권이 어떤 경우에나 무한대로 보장되는 것은 아니다. 즉, 인권에도 공익을 위해 부득이한 경우에는 법률에 의해 최소한의 제한을 가할 수 있다. 이러한 인권의 제한과 관련된 우리 헌법 조항이 헌법 제37조 제2항이다. 헌법 제37조 제2항은 "국민의 모든 자유와 권리는 국가 안전 보장·질서 유지 또는 공공복리를 위해 필요한 경우에 한해 법률로써 제한할 수 있으며, 제한하는 경우에도 자유와 권리의 본질적인 내용을 침해할 수 없다"고 규정하고 있다.

그러나 이 조항이 법률에 의하기만 하면 어떠한 인권도 제한 가능하다는 것을 의미하는 '인권 제한의 정당화 근거 조항'은 아니다. 오히려 대부분의 헌법학자들은 헌법 제37조 제2항을 이 조항이 규정하는 인권 제한의 한계 요소인 "국가 안전 보장·질서 유지·공공복리"라는 인권 제한의 목적, 법률이라는 인권 제한의 형식, 필요 부득이한 경우의 최소한의 제한이어야 한다는 과잉 금지의 원칙, 인권의 본질적 내용 침해 금지의 원칙을 모두 충족시키지 못하는 한, 인권을 제한할 수 없다는 의미의 '인권 제한의 한계 조항'으로 이해한다. 헌법 제37조 제2항을 '인권 제한의 한계 조항'으로 이해하지 않고 '인권 제한의 정당화 근거 조항'으로 이해한다면, 헌법 제10조의 인간의 존엄과 가치 및 행복 추구권부터 헌법 제36조의 보건권까지 빽빽이 열거된 인권 조항들이 하루아침에 무용지물이 될 수 있다. 즉 지금까지 힘들게 열거한 인권들도 법률에 의하기만 하면 얼마든지 제한할 수 있게 되는 것이다.

이 조항을 좀 더 자세히 알아보자.

첫째, 헌법 제37조 제2항은 인권 제한의 한계로서 '목적상의 한계'를 규정하고 있다. 인권은 "국가 안전 보장·질서 유지·공공복리"를 위해서만 제한될 수 있다는 것이 바로 그것이다. 필요 부득이하여 인권을 법률로 제한할 때에도 그 제한의 목적이 적어도 국가 안전 보장, 질서 유지, 공공복리 중 어느 하나에는 해당해야 한다. 그러나 이 부분은 사실상 인권 제한의 한계로서의 기능을 잃어버렸다고 생각한다. 국민 공동의 이익을 의미하는 "공공복리"만 하더라도 그 의미가 너무 포괄적이다. 쉽게 언급되는 "질서 유지" 역시 마찬가지다. 좁은 치안 질서만을 의미하는 것이 아니라 학자들이 이해하는 자유민주적 기본 질서를 포함하는 넓은 의미의 질서라면 포괄적 개념이기 때문이다. 사실 질서 유지와 공공복리는 건국 헌법 때부터 있었던 인권 제한의 목적들이다. 그렇지 않아도 포괄적 개념인 질서 유지 및 공공복리에 "국가 안전 보장"이라는 또 다른 포괄적 개념을 추가한 것이 바로 1972년의 제7차 개정 헌법인 유신 헌법이다. 그 이후로 현행 헌법에 이르기까지 인권 제한의 목적상의 한계는 이 세 가지로 굳어졌다. 나는 헌법 제37조 제2항의 "국가 안전 보장·질서 유지·공공복리"는 인권 제한을 어렵게 하는 '인권 제한의 한계'로서의 기능을 잃어버렸다고 본다. 어떤 인권 제한의 목적을 상정하더라도 하나하나가 포괄적 의미를 담고 있는 국가 안전 보장, 질서 유지, 공공복리 중 어느 하나에는 쉽게 해당될 수 있기 때문이다.

둘째, 헌법 제37조 제2항은 인권 제한의 한계로서 '형식상의 한계'를 규정해 인권 제한은 "법률로써"만 할 수 있다고 못 박았다.

 1972년의 제7차 개정 헌법을 10월 유신 체제에서 개정된 헌법이라는 의미에서 '유신 헌법'이라 부른다. 대통령을 국민 직선에서 통일주체국민회의라는 어용기관을 통한 간선으로 바꾸고 연임 제한 규정을 없앴으며, 대통령에게 긴급조치권과 같은 비상 대권을 주었다. 또한 국회의원의 3분의 1을 국민이 아니라 통일주체국민회의에서 대통령의 추천을 받아 선출하는 등 국회가 무력화되었고, 말단 판사까지도 대법원장이 아니라 대통령이 임명하게 하여 사법부도 대통령이 장악하게 되었다. 한마디로 박정희 대통령의 장기 집권을 위해 만들어진 반(反)민주적인 헌법이었다.

인권 제한

이때의 법률은 원칙적으로 성문화된 의회 제정법을 의미하므로 관습법으로는 국민의 인권을 제한할 수 없다. 국회의 동의를 얻어 체결되어 법률과 같은 효력을 가지는 조약으로도 국민의 인권을 제한할 수 있다. 또한 국가 비상사태에서 대통령이 공포한 긴급 명령이나 긴급 재정 경제 명령도 헌법에 의해 법률과 같은 효력을 가진다고 규정되어 있기 때문에 국민의 인권을 제한할 수 있다. 헌법학자들은 법률로써만 인권을 제한할 수 있다는 헌법적 요구를 '법률 유보 원칙'이라고 부른다. 즉 국민의 인권은 국회가 제정한 "법률"에 의해서만 "제한," 즉 "유보"할 수 있다는 것이다. 법률로써만 국민의 인권을 제한할 수 있다는 것은 '국민에 의한 국민의 지배'라는 민주주의 원리와 연결된다. 법률은 국민의 대표 기관인 국회가 만드는 것이기 때문이다. 이러한 '국민에 의한 국민의 지배'를 치자(治者)와 피치자(被治者)가 저절로 같아진다는 의미에서 '치자와 피치자의 자동성(自同性)의 원리'라 부르기도 한다. 인권 제한의 형식으로서의 법률에는 조건이 있다. 바로 '일반성'과 '명확성'이다. 규율 대상을 특정 국민이 아니라 국민 일반으로 해야 하고, 어떤 경우에 어떤 기본권을 어느 정도로 제한하는지 명확해야 한다.

셋째, 인권 제한의 내용상의 한계로서 '과잉 금지 원칙'이 있다. 헌법 제37조 제2항의 "필요한 경우에 한하여"라는 말로부터 이 원칙이 나온다. 인권 제한의 목적상 한계와 형식상 한계가 충족된 경우에도 '어느 정도로 인권을 제한할 수 있는가' 하는 '인권 제한의 정도'가 여전히 문제로 남는다. 필요하지도 않은데 지나치게 인권을 제한하는 것을 인권의 '과잉'한 제한이라고 볼 수 있고, 이러한 인권의 과잉한 제한은 위헌이라는 것이다.

이 과잉 금지 원칙은 목적의 정당성, 방법의 적정성, 침해의 최소성, 법익의 균형성이라는 네 가지 세부 원칙으로 이루어져 있다. 이 네 가지 세부 원칙 중 어느 하나에라도 저촉되면 그 법률은 인권 제한의 한계를 넘어서므로 위헌이 된다. 과잉 금지 원칙의 첫 번째 세부 원칙인 '목적의 정당성'은 인권 제한의 입법 목적이 헌법 및 법률의 체제상 정당성이 인정될 수 있는 것이어야 함을 의미한다. 따라서 인권을 제한하지 않더라도 입법 목적이 되는 공익을 달성할 수 있으면 그 인권을 제한할 수 없다. 법률이 입법부나 행정부에 의해 발의될 때 법안 발의서에는 '법안의 취지'인 입법 목적이 명기된다. 특히 그 법률이 국민의 인권을 제한하는 법률일 때에는 외형적으로라도 그럴듯한 입법 목적이 명기되기 마련이다. 웬만한 인권 제한 법률은 '목적의 정당성'을 쉽게 충족시킨다. '목적의 정당성'에 어긋나서 과잉 금지 원칙에 위배되는 인권 제한 법률은 거의 찾아볼 수 없다.

과잉 금지 원칙의 두 번째 세부 원칙은 '방법의 적정성'이다. 방법의 적정성이란 인권 제한 '방법'에 해당하는 법률 내용이 '목적의 정당성'에서 말하는 입법 목적을 적절하고 효과적으로 달성할 수 있는 방법이어야 함을 말한다. 하지만 인권을 제한하면서까지 달성하려는 입법 목적은 그 법률이 입법 목적 달성에 적절하고 효과적인 '방법'인 경우가 대부분이다. 따라서 인권 제한 법률들은 웬만하면 '방법의 적정성'도 충족한다.

하지만 과잉 금지 원칙의 세 번째 세부 원칙인 '침해의 최소성'은 넘기 힘든 장애물이다. 인권 제한 법률이 과잉 금지 원칙에 위배되어 위헌이 될 때는 대부분 이 침해의 최소성에 어긋나는 경우다. '침해의 최소성'이란 '목적의 정당성'에서 말하는 입법 목적을 달성할 수 있는 다른 경미한 방법이 있으면 안 된다는 말이다. 인권 제한 법률이 그 입법 목적 달성을 위해 필요한 가장 최소한의 제한이며 다른 완화된 형태나 방법을 생각할 수 없어야 한다. 과잉 금지 원칙은 원래 독일의 헌법학자들과 독일 연방 헌법재판소가 만들어낸 헌법 원칙이지만, 침해의 최소성은 독일 헌법학의 발명품이 아니다. 미국 연방 대법원이 발명하고 미국의 헌법학자들이 체계화하고 이론화한 '덜 제한적인 대안 규칙LRA Rule'에서 처음 나온 기준이다. 즉, 독일 연방 헌법재판소와 독일의 공법학자들이 입법 목적을 달성할 수 있는 덜Less 제한적인Restrictive 대안Alternative을 생각해낼 수 없어야 한다는 미국 판례법상의 'LRA Rule'을 과잉 금지 원칙의 세부 원칙인 침해의 최소성으로 끌어들인 것이다.

과잉 금지 원칙의 네 번째 세부 원칙인 '법익의 균형성'은 인권을 제한하여 보호하려는 공익과 이때 침해되는 사익을 비교 형량할 때 보호되는 공익이 더 크거나 적어도 양자 간에 균형이 유지되어야 한다는 원칙을 말한다. '법익의 비례성'이라고 불리기도 한다. 이 법익의 균형성도 미국 연방 대법원이 발명한 판례법상의 위헌 심사 기준인 '이익 형량 심사Balancing Test' 이론을 독일 연방 헌법재판소와 독일 공법학자들이 과잉 금지 원칙의 네 번째 세부 원칙으로 받아들인 것이다.

넷째, 인권 제한의 또 다른 '내용상의 한계'는 '본질적 내용 침해 금지 원칙'이다. 헌법 제37조 제2항 후단은 "제한하는 경우에도 자유와 권리의 본질적인 내용을 침해할 수 없다"고 규정하고 있는데, 이 부분으로부터 본질적 내용 침해 금지 원칙이 도출된다. 어떤 인권의 본질적 내용이란 그 인권의 핵심이 되는 실체를 의미한다. 따라서 인권마다 그 인권의 본질적 내용은 다르고, 그것이 구체적으로 무엇인지는 헌법재판소와 법원의 판례가 결정한다. "본질적 내용의 침해"란 침해당하는 인권이 유명무실한 것이 되어버리는 정도의 침해를 의미한다.

이처럼 헌법 제37조 제2항은 많은 인권 제한의 한계들을 규정하고 있는 '인권 제한의 한계 조항'이다. 인권 제한의 한계들 중 어느 하나에라도 저촉되면 그 법률은 위헌 무효다. 인권 제한 한계 요건들을 충족하지 못한 법률을 발견한 국민은 국회에 그 법률 조항의 삭제나 개정을 '청원권' 행사를 통해 문서로 청원할 수

법령의 규정에서 '후단'이란 어떤 법률 규정의 문장이 쉼표로 구분될 때, 쉼표 이후의 부분을 말한다.

도 있고, 헌법재판소의 위헌 법률 심판이나 헌법 소원 심판에 보내 위헌 결정을 받아낼 수도 있다.

2. 사형제도

사형제란 범죄인의 생명을 박탈해 그를 사회로부터 영구히 제거시키는 법정 형벌의 일종이다. 우리 형법이나 군 형법은 내란과 간첩죄, 살인죄 등 19개 범죄에 대해 사형 조항을 두고 있다.

사형제 폐지, 미룰 일이 아니다

사형제는 여러 가지 이유로 시급히 폐지되어야 한다. 무엇보다도 사형제는 헌법이 보장하는 생명권에 대한 침해여서 최고 법인 헌법에 위반된다. 사형제가 필요하다고 주장하는 사람들은 인간의 생명에는 귀하거나 천한 것이 있을 수 없고 다 똑같이 가치 있는 것이기 때문에 극악한 살인범처럼 타인의 생명을 부정하는 범죄자들에게는 생명권의 보호가 미치지 않는다고 주장한다. 생명권도 헌법 제37조 제2항에 따라 공익을 위해 법률에 의해 제한될 수 있는 상대적 권리라고 본 것이다. 헌법재판소도 1996년 11월에 이런 취지의 결정을 내려 사형제에 면죄부를 부여한 적이 있다. 그러나 사형제는 생명권에 대한 '합헌적 제한'이 아니라 '위헌적 침해'라고 봐야 한다. 우리 헌법은 제37조 제2항에서 국민의 인권도 필요 부득이한 경우 법률에 의해 제한될 수 있지만 인권

헌재 1996. 11. 28. 95 헌바1. 형법 제41조는 '형의 종류'로 징역, 벌금 등과 함께 사형을 규정하고 있다. 이 형법 제41조의 '사형' 부분에 대해 하급심에서 사형을 선고받은 피고인들이 상급심에서 위헌 여부를 다투어 헌법재판소가 이에 대해 위헌 심사를 했다. 헌법재판소는 1996년에 사형제도에 대해 합헌 결정을 내렸고, 2010년 2월에 또다시 재차 합헌 결정을 내렸다.

의 본질적 내용은 침해할 수 없다고 규정하고 있다. 사형은 사형수 입장에서는 온 우주의 종말이다. 생명권이라는 인권에 대한 본질적 내용의 침해다. 생명 그 자체야말로 생명권의 핵이 되는 본질적 내용이기 때문이다. 생명이 박탈되고 나서 다른 부수적 권리가 남아 있다고 한들 무슨 소용이 있을까?

또한 사형제는 정적 제거를 위해 정치적으로 악용될 가능성이 크며, 슬프게도 60년이 채 안 되는 우리의 헌정사가 이를 증명한다. 이승만 정권하의 진보당 조봉암 사형 사건, 유신 정권하의 인혁당 재건위 관련자 사형 사건 등이 대표적이다. 오판 가능성을 배제할 수 없다는 점도 사형제가 가진 치명적 결함이다. 몇 년 전 친구의 죄를 뒤집어쓰고 사형수가 되었던 사람이 8년이 흐른 뒤에 진범의 고백으로 무죄 방면되어 화제가 된 사건이 있었다. 8년 동안 집행이 연기되지 않았다면 무고한 목숨이 사형이라는 원시적 사법 시스템에 의해 희생될 뻔한 아찔한 순간이었다. 사형제를 찬성하는 사람들은 사형에 범죄를 억제하는 효과가 있다고 주장하지만, 이를 뒷받침하는 과학적 증거는 아직 제시되지 않았다. 살인 피해자 등 '피해자의 인권' 보호 차원에서 사형제 존속의 필요성이 주장되기도 한다. 그러나 피해자의 인권은 가해자의 생명을 빼앗는 등의 한풀이 식으로 보장되는 것이 아니다. 헌법이 명문 규정을 통해 보장하고 있는 범죄 피해자 구조 청구권처럼, 각종 범죄로 피해를 입은 이들의 정신적 충격이나 경제적 어려움을 사회가 지원하는 시스템을 갖출 때 비로소 보장될 수 있는 것이다. 과거 사형수 유영철 씨에게 가족을 셋이나 잃은 피해자가

 죽산 조봉암은 제1대 국회의원에 선출되었고 초대 농림부장관이 되어 농지개혁과 농업협동조합운동을 주도했다. 그 후 이승만 대통령에 대적하는 대통령 후보로까지 급부상한다. 진보당 창당 후 활발한 정당 활동을 하던 중 이에 정치적 위협을 느낀 이승만 정권에 의해 1958년 1월 국가보안법 위반으로 체포되어 대법원에서 억울하게 사형선고를 받고 1959년에 처형된다. 그 후 52년이 흐른 2011년 1월 20일에 대법원은 재심을 통해 그에게 무죄 판결을 내린다.

1974년 4월에 유신 독재에 맞서 민청학련(전국민주청년학생연맹) 소속 대학생들이 궐기하자 당시 중앙정보부가 민청학련을 수사하면서 배후세력으로 '인혁당 재건위'를 지목하고 이를 북한의 지령을 받은 남한 내 지하조직이라고 누명을 씌워 기소한 사건이다. 국가보안법 위반 등의 혐의로 23명이 구속 기소되었고 법원은 이 중 8명에게 사형을 선고한다. 사형이 선고된 8명은 대법원 판결 후 20여 시간 만에 형장의 이슬로 사라졌다.

사실, 진범은 접니다.

 우리 헌법은 제30조에서 "타인의 범죄 행위로 인하여 생명·신체에 대한 피해를 받은 국민은 법률이 정하는 바에 의하여 국가로부터 구조를 받을 수 있다"고 규정하여 범죄 피해자 구조 청구권을 국민의 기본적 권리로 인정하고 있다.

 평화시에는 사형제를 폐지했다가 전쟁 발발 시에만 사형제를 부활시켜 적용해야 한다는 절충적인 성격의 주장을 말한다.

유 씨를 양자 삼고 유 씨의 자식을 돌보고 싶다는 뜻을 밝힌 것도 이런 측면에서 이해할 수 있다.

과거에 국가인권위원회가 국회에 사형제 폐지 의견을 내면서 '감형이나 가석방 없는 종신형'으로의 대체나 '평시 폐지 및 전시 적용'을 절충 방안으로 제시한 바 있다. 잠정적으로 이런 절충안을 시행하고 장기적으로 사형제의 '단순 폐지'로 나아가야 한다. 지금이 적기다. 사형제 폐지의 결단은 훗날 대한민국이 인권 미개국에서 인권 선진국으로 도약했다는 평가를 이끌어낼 것이다.

3. 표현의 자유와 그 제한

'표현의 자유'라는 말을 자주 듣는다. 우리 헌법이 제21조에서
보장하고 있는 국민의 언론·출판·집회·결사의 자유가 바로 표
현의 자유다. 자신의 의견이나 사상을 외부로 '표현'하는 데 있어
국가나 타인의 간섭을 받지 않을 자유를 표현의 자유라고 한다.
특히 언론·출판의 자유는 국민 개개인이 누리는 표현의 자유라
는 측면에서 '개별적 표현의 자유'라고 부르고, 집회·결사의 자
유는 복수의 국민들이 누리는 표현의 자유라는 측면에서 '집단적
표현의 자유'라고 부른다.

언론의 자유와 국민의 알 권리가 우선이다

1971년 6월 13일, 미국 법무성에 요란한 전화벨 소리가 울렸
다. 전날부터 유력 일간지《뉴욕 타임스》가 "베트남전쟁사 : 국방
성 비밀문서로 미국 개입 30년을 추적하다"라는 제목 아래 연속
기획물을 내보내기 시작했기 때문이다. 이 기사는《뉴욕 타임스》
측이 입수한 미국 국방성의 극비 연구 문서에 기초해 베트남전에
대한 미국의 정책 결정 과정을 상세히 싣고 있었다. 3회분을 연재
하려던 6월 14일, 미국 법무성은 그 보도가 연방법인 간첩법에
위반된다며《뉴욕 타임스》에 보도 중지를 요구했다.《뉴욕 타임
스》는 언론의 자유를 내세워 법무성의 서슬 퍼런 요구를 거절했
다. 그러자 연방 법무부 장관이 뉴욕 소재 연방 지방 법원에 그 기
획물의 보도 중지를 구하는 소송을 제기했고, 항소심에서는 정부

뉴욕에서 발행되는 미
국의 대표적인 조간신
문. 1851년부터 발행을 시작해
1912년 타이타닉호 침몰 사건
을 위험을 무릅쓰고 다각도에
서 조명하고 1·2차 세계대전을
취재하여 보도하는 등의 기사
로 명성을 높인 세계적인 신문
이다.

측이 승소를 얻어냈다.《뉴욕 타임스》는 이 사건을 대법원에 상고했고, 미국 연방 대법원은 미국 개정 헌법 제1조 언론의 자유 및 국민의 알 권리라는 헌법상의 기본권과 '국가 기밀' 유지를 통한 국가 안보 확보라는 공익적 가치가 충돌하는 이 사건에 상고 허가장을 보내 본격적인 심리에 들어갔다. 그렇게 해서 영향력 있는 언론사와 미국 연방 정부 간의 언론 전쟁은 법정에서 치열한 공방전을 벌이게 되었다.

보도 중지!

국민의 알 권리를 위해

법무성

뉴욕타임스

온 미국 국민의 이목이 미국 연방 대법원 법정에 집중됐다. 민주주의의 유지와 발전을 위해 주권자 국민이 국정을 제대로 감시하고 통제할 수 있도록 언론의 자유 및 알 권리가 우선시되어야 한다는《뉴욕 타임스》측의 논리와, 언론의 자유와 국민의 알 권리도 국가 기밀 사항의 비공개와 이를 통한 국가 안보 유지라는 국방상의 이익에 의해 제한될 수 있다는 정부 측 논리가 아홉 명의 연방 대법관들 앞에서 한 치의 양보도 없이 치열하게 개진됐다. 심사숙고를 거듭한 끝에 마침내 판결이 내려졌다. 연방 대법원은《뉴욕 타임스》의 손을 들어주었다. 판결문에서 언론의 자유 및 국민의 알 권리와 국가 기밀 유지라는 국방상의 이익을 형량했을 때, 국가 기밀 유지라는 국방상의 이익보다 언론의 자유 및 국민의 알 권리가 우선하는 가치라고 천명했다. 특히, 정부가《뉴욕 타임스》의 3회분 보도부터 막고 나온 이 사건처럼 언론 보도 자체를 미리 차단하는 언론의 자유에 대한 '사전적 제한'은 강력한 위헌의 추정을 받는다는 점도 확실히 했다. 주권자인 국민이 실질적인 주권자로 역할하기 위해 국민은 언론의 자유를 보장받는 언론 기관으로부터 국정 운영에 관한 상세한 정보를 얻을 수 있어야 하고, 국민이 주인인 민주 사회에서는 언론의 자유와 알 권리가 '기본권 중의 기본권'으로서 다른 권리에 우선한다고 밝힌 이정표적 판결이었다.

이번에는 우리나라의 예를 보자. 2007년 정부는 갑자기 정부 부처 기자실 통폐합과 공무원 취재 제한을 골자로 하는 '취재 지원 선진화 방안'을 공표했다. 정부 부처에 산재해 있는 기자실을 줄이고, 언론 기관이 공무원들을 취재할 때 각 부처 홍보 부서의 허가를 받게 한다는 것이 주된 내용이었다. 이후 언론 기관과 정부 사이에는 한 치의 양보도 없는 치열한 언론 전쟁이 전개됐다. 나는 1971년 미국을 뜨겁게 달구었던 사건이 2007년 이 땅에서 재연되고 있다는 느낌을 지울 수 없었다. 차이가 있다면 미국에서는 언론 기관의 '보도'에 정부가 개입했고, 우리나라에서는 언론 기관의 '취재'를 정부가 제한한 것이라는 차이밖에 없었다. 그러나 두 경우 다 주권자 국민의 입장에서는 언론 기관의 보도의 자유나 취재의 자유의 제한을 통해 국민의 알 권리가 제한받는다는 점에서 같았다.

알 권리도 넓은 의미에서 언론·출판의 자유 중 하나다. 언론·출판의 자유 중에서도 다른 언론·출판의 자유의 전제가 되는 중요한 기본권이다. 다른 것들이 사상이나 지식을 표현하는 권리라면 알 권리는 의사 형성을 위해 필요한 정보에 자유롭게 접근해 정보를 수집하고 처리할 수 있는 권리다. 국민은 언론 기관들로부터 국정 운영에 대한 각종 정보를 얻음으로써 이러한 알 권리를 누린다. 언론 기관은 싫든 좋든 국민의 알 권리를 실현하는 정부와 국민 사이의 가교다. 국민은 위정자들이 생각하는 것 이상으로 안목이 있어 각종 언론이 제공하는 정보 중에서 왜곡된 정보와 참된 정보를 가려낼 수 있다. 일부 언론 기관의 왜곡된 보도가 국민과 정부 사이를 이간하고 있다고 생각한다면 이는 국민을 깔보는 처사다. 국민의 알 권리가 우선이다. 이 싸움은 이미 승자가 정해져 있는 싸움이었는지도 모른다.

미네르바 사건에서 나타난
표현의 자유의 잘못된 제한

검찰은 2009년 1월 9일에 '미네르바'라는 필명의 인터넷 논객에 대해 구속 영장을 청구했다. 허위 사실을 유포해 공익을 해쳤다는 것이 이유였다. 그리고 곧이어 같은 달 10일 오후에는 서울 중앙 지방 법원이 구속 영장을 발부했다. 외환 시장과 국가 신인도에 악영향을 미쳤다는 점이 영장 발부의 근거였다. 검찰은 "공익을 해할 목적으로 전기 통신 설비에 의하여 공연히 허위의 통신을 한 자는 5년 이하의 징역 또는 5천만 원 이하의 벌금에 처한다"고 규정한 전기 통신 기본법 제47조 제1항을 구속 영장 청구의 법적 근거로 제시했다. '정부가 외환 환전 업무를 전면 중단했다'는 글과 '달러 매수를 중단하도록 7대 금융 기관 등에 긴급 명령을 내렸다'는 두 건의 글이 "허위의 통신"에 해당한다는 것이었다. 이 법 조항은 "공익을 해할 목적"으로 그러한 행위가 이루어졌는지를 중요하게 고려한다. 법에서는 이런 조항을 목적범 조항이라 부른다.

그렇다면 문제 된 두 건의 글을 포함해 미네르바가 포털 사이트에 올린 100여 건의 글이 정말 공익을 해칠 목적으로 작성된 걸까? 경제를 총괄하는 장관마저 미네르바의 진단과 분석에 일부 옳은 부분이 있다고 인정했을 정도로 오히려 공익에 도움이 되었다는 의견이 많았다. 검찰은 이 인터넷 논객 한 명 때문에 정부가 외환 시장에서 20억 달러의 손실을 봤다고 주장했지만, 이를 뒷받침할 구체적이고 설득력 있는 근거는 제시하지 못했다.

형벌 법규에서 행위 이외에 어떤 특수한 목적을 구성 요건에 규정하여 그러한 목적을 가지고 행위로 나아갔음이 입증되어야 유죄 판결을 내릴 수 있는 범죄를 말한다. 예를 들어 형법규정에 의해 목적범으로 규정된 내란죄가 성립하기 위해서는 "국토를 참절하거나 국헌을 문란하게 할 목적"이 있었음이 검사에 의해 입증되어야 한다.

설령 미네르바의 글이 유포되고 난 후 결과적으로 정부가 외환 시장 안정을 위해 20억 달러를 투입해야 했을지라도 이것이 그대로 미네르바에게 공익을 해칠 목적이 있었다는 증거가 되지는 못한다. 목적범이 성립되기 위해서는 그러한 통신 행위를 할 당시에 행위자의 머릿속에 공익을 해치려는 목적의식이 있었다고 인정돼야 한다.

법원의 구속 영장 발부 결정도 헌법과 형사 소송법이 정한 구속의 기준을 지킨 것이 아니어서 아쉬움이 있다. 법이 정한 구속의 기준은 "도주 및 증거 인멸의 우려"다. 수개월 동안 집안에만 틀어박혀 인터넷에 열중했던 미네르바에게 도주의 우려가 있다고 보긴 어려웠다. 검찰이 허위 사실 유포의 증거로 제시한 두 건의 글은 이미 확보되어 있었으므로 증거 인멸의 우려도 없었다. 도주 및 증거 인멸의 우려가 없는데 외환 시장과 국가 신인도에 악영향을 미쳤다는 법에도 없는 사유를 근거로 영장을 발부한 것은 어떻게 봐도 엄밀한 법 적용의 결과로 보기 어려웠다.

검찰의 무리한 수사 및 영장 청구와 법원의 납득하기 힘든 영장 발부 결정은 표현의 자유 보장이라는 측면에서는 심각성이 더 커진다. 우리 헌법 제21조가 국민의 기본권으로 보장하고 있는, 개인이 가진 사상이나 의견을 외부에 자유롭게 표현할 권리인 표현의 자유는 사상과 표현의 '자유 시장론'과 '진리 생존설'에 근거한다. 무엇이 진리인가는 국가나 권력이 정하는 것이 아니라 공개된 장소에서의 자유로운 토론을 통해 판명되며, 이에 따라 진리는 살아남고 허위는 자연 도태된다는 것이다. 허위 사실을 유포했다는 사실 자체가 죄라면 인터넷에 글을 올리는 사람 가운데 이 죄를 피해 갈 사람은 많지 않을 것이다. 이러한 글들이 처벌받지 않는 것은 인터넷이라는 사상과 표현의 자유 시장에서 세인들의 관심을 끌지 못하고 자연 도태되기 때문이다.

물론 표현의 자유도 헌법 제37조 제2항에 의해 제한될 수 있다. 그러나 그 제한은 표현 행위로 인한 해악 발생이 명백하고 임박했을 때에만 정낭화된다. 이것이 헌법학에서 표현의 자유 제한의 한계로 존중받는 '명백·현존하는 위험의 원칙'이다. 국가가 명백·현존하는 위험이 없는 표현 행위까지 지나치게 규제하면 국민은 위축되어 자기 검열을 하다가 주권자로서 정부 정책에 대한 자유롭고 건전한 비판까지 주저하게 된다. 표현의 '자유'가 전혀 '자유'답지 못하게 되는 것이다.

민주주의 사회에서는 다양한 의견이 활발하게 오고가며 떠들썩해야 한다. 진정한 민주 사회에서는 표현의 자유가 살아 있기 때문이다. 오히려 표현의 자유가 억압된 침묵의 사회야말로 비민주적인 사회요, 건강성과 생명력을 잃은 사회다.

집회의 자유 제한과 문제점들

인권에도 서열이 있다. 헌법이 보장하는 인권이라고 다 똑같은 지위를 가지는 것은 아니다. 국내외의 학설과 판례는 인권들 중에서 표현의 자유의 하나인 집회의 자유의 '우월적 지위'를 인정한다. 그래서 소수자 및 약자의 집회의 자유는 집회 지역 거주자의 주거의 평온을 보호하는 사생활권이나 인근 상가가 가진 영업

이익 보장권 등에 비해 우월하다. 집회 때문에 주거의 평온이나 인근 상가의 영업 이익, 그리고 인근 지역의 교통 소통이 어느 정도 방해받는 것은 집회의 자유라는 중요한 인권의 보장을 위해 다른 사회 구성원들이 참고 양보해야 할 '민주주의의 비용'이다. 국민에게는 집회의 자유 행사에 따른 일부 생활상의 불편을 감수해야 할 의무가 있다.

　최고 법인 헌법은 제21조에서 언론·출판의 자유와 함께 집회·결사의 자유를 국민의 기본적 인권의 하나로 보장하고 있다. 그리고 이들 언론·출판·집회·결사에 대한 사전 '허가제'를 헌법상의 명문 규정을 통해 금지하고 있다. 이 중 헌법이 보장하고 있는 집회의 자유를 구체화한 하위 법률이 우리가 흔히 집시법이라고 부르는 '집회 및 시위에 관한 법률'이다. 집시법은 집회의 자유라는 헌법상의 기본적 인권을 어떻게 하면 제대로 보장할 수 있을지에 초점을 맞춰야 한다. 그런데 현행 집시법은 집회의 자유를 '보장'한다는 본연의 사명에서 비켜나, 오히려 집회의 자유 '제한'에 무게를 두고 있어 문제다. 이런 문제의식을 가지고 집시법의 규정들을 찬찬히 훑어보면 헌법이 국민에게 부여한 집회의 자유를 사실상 무력화할 수 있는 독소 조항들을 적지 않게 발견할 수 있다. 그리고 문면상으로는 크게 문제가 없어 보이는 집시법 조항들도 경찰 등 공권력이 집회의 자유를 침해하는 방향으로 해석하고 적용할 가능성이 있다.

집시법의 첫 조항인 제1조는 "이 법은 적법한 집회 및 시위를 최대한 보장하고 위법한 시위로부터 국민을 보호함으로써 집회 및 시위의 권리 보장과 공공의 안녕 질서가 적절히 조화를 이루도록 하는 것을 목적으로 한다"고 규정하고 있다. 그러나 현실은 '집회 및 시위의 권리 보장'보다는 '공공의 안녕 질서' 혹은 '질서 유지'를 명목으로 집회의 자유가 희생되는 경우가 많다는 점이 문제다. 집시법 제1조가 집시법의 나머지 조항들의 해석과 적용에 기준이 되는 목적 조항이라는 점에서 봤을 때에도, 집회의 자유를 자유답지 못하게 만드는 집시법의 적용은 잘못된 것이다.

첫째, 집시법 제5조는 절대적으로 금지되는 집회에 대해 규정하면서 제1항 제2호에서 "집단적인 폭행, 협박, 손괴, 방화 등으로 공공의 안녕 질서에 직접적인 위협을 끼칠 것이 명백한 집회"를 금지하고 있다. 그런데 "공공의 안녕 질서"나 "위협을 끼칠 것"

우리 헌법은 제21조에서 "① 모든 국민은 언론·출판의 자유와 집회·결사의 자유를 가진다. ② 언론·출판에 대한 허가나 검열과 집회·결사에 대한 허가는 인정되지 아니한다. ③ 통신·방송의 시설 기준과 신문의 기능을 보장하기 위하여 필요한 사항은 법률로 정한다. ④ 언론·출판은 타인의 명예나 권리 또는 공중 도덕이나 사회 윤리를 침해하여서는 아니 된다. 언론·출판이 타인의 명예나 권리를 침해한 때에는 피해자는 이에 대한 피해의 배상을 청구할 수 있다"고 하여 언론·출판·집회·결사의 자유라는 표현의 자유에 대해 비교적 상세한 규정을 두고 있다.

집시법 제5조는 '집회 및 시위의 금지'라는 제목 아래 "① 누구든지 다음 각 호의 어느 하나에 해당하는 집회나 시위를 주최하여서는 아니 된다. 1. 헌법재판소의 결정에 따라 해산된 정당의 목적을 달성하기 위한 집회 또는 시위 2. 집단적인 폭행, 협박, 손괴(損壞), 방화 등으로 공공의 안녕 질서에 직접적인 위협을 끼칠 것이 명백한 집회 또는 시위 ② 누구든지 제1항에 따라 금지된 집회 또는 시위를 할 것을 선전하거나 선동하여서는 아니 된다"고 규정하고 있다.

이라는 말은 너무 추상적이고 애매모호하다. 집회의 자유와 같은 표현의 자유 제한에는 명확성의 원칙이 엄격히 적용된다. 집회의 자유를 제한하는 법률들은 어떤 경우에 집회의 자유가 어떻게 제한되는지 누가 봐도 객관적으로 명확히 알 수 있게 규정되어야 한다. 애매모호한 규정으로는 집회의 자유를 제한할 수 없으니 이 규정은 명확성의 원칙에 위배되어 위헌의 소지가 높다. 나아가 경찰 등이 집회의 자유를 침해하는 공권력을 발동할 빌미가 될 수 있기 때문에 큰 문제다. 과거에 폭력 시위를 한 단체들이 개최할 미래의 집회까지 "공공의 안녕 질서에 직접적인 위협을 끼칠 집회"라 주장하면서 금지할 수 있는 것이다. 이는 아직 시작도 하지 않은 집회를 과거 전력만을 이유로 막아 집회의 자유를 침해하는 위헌적인 '불법 집회 낙인 찍기'에 다름 아니다.

둘째, 집시법 제11조는 국회의사당, 각급 법원, 대통령 관저, 삼부 요인의 공관, 국내 주재 외국의 외교 기관이나 외교 사절의 숙소 경계 지점으로부터 100미터 이내에서의 옥외 집회를 원칙적으로 금하고 있다. 이들 삼부 최고 기관이나 외교 기관들의 원활한 업무 수행에 옥외 집회가 차질을 줄 수 있어 제한을 둔 것으로 보인다. 그러나 집회자 측의 입장에서 보면 오히려 이런 기관들 앞이야말로 자신들의 목소리를 가장 효과적으로 알리고 국정 운영에 반영시킬 수 있는 집회 장소다. 집회의 자유가 자신들의 목소리를 통상적인 정치 과정을 통해 국정 운영에 제대로 반영할 수 없는 소수자 및 약자가 한데 모여 집단적 의사 표명을 할 수 있게 하는 권리라고 한다면, 거꾸로 이런 기관들 앞에서의 집회야말

집시법 제11조는 '옥외 집회와 시위의 금지 장소'라는 제목 아래 "누구든지 다음 각 호의 어느 하나에 해당하는 청사 또는 저택의 경계 지점으로부터 100미터 이내의 장소에서는 옥외 집회 또는 시위를 하여서는 아니 된다. 1. 국회의사당, 각급 법원, 헌법재판소 2. 대통령 관저, 국회의장 공관, 대법원장 공관, 헌법재판소장 공관 3. 국무총리 공관. 다만, 행진의 경우에는 해당하지 아니한다. 4. 국내 주재 외국의 외교 기관이나 외교 사절의 숙소. 다만, 다음 각 목의 어느 하나에 해당하는 경우로서 외교 기관 또는 외교 사절 숙소의 기능이나 안녕을 침해할 우려가 없다고 인정되는 때에는 해당하지 아니한다. 가. 해당 외교 기관 또는 외교 사절의 숙소를 대상으로 하지 아니하는 경우 나. 대규모 집회 또는 시위로 확산될 우려가 없는 경우 다. 외교 기관의 업무가 없는 휴일에 개최하는 경우"라고 규정하고 있다.

로 더 자유로워야 하는 게 아닐까? 미국 연방 대법원 앞이 낙태, 동성애 등 사회적으로 논란이 되는 판결이 내려질 즈음이면 항상 옥외 집회자들로 만원이라는 점을 상기해보면 더더욱 그렇다.

셋째, 집시법 제12조는 교통 소통을 위해 집회를 금지할 수 있게 하고 있다. 즉, 관할 경찰서장은 대통령령으로 정하는 주요 도시의 주요 도로에서의 집회를 금지할 수 있으며 집회 주최자가 질서 유지인을 두고 도로를 행진하는 경우에도 해당 도로와 주변 도로의 교통 소통에 장애를 발생시켜 심각한 교통 불편을 줄 우려가 있으면 집회를 금지할 수 있다. 서울 도심의 주요 도로를 대부분 대통령령으로 정하는 주요 도로에 포함시켜 놓았다면, 이들 도로에서의 집회는 "심각한 교통 불편을 줄 우려"가 있다는 관할 경찰서장의 재량적 판단에 의해 얼마든지 금지될 수 있는 것이다. 이 또한 "심각한 교통 불편을 줄 우려"라는 지극히 추상적이고 애매모호한 규정으로 집회의 자유를 제한할 수 있게 하고 있으므로 명확성의 원칙에 반해 위헌의 소지가 높다.

넷째, 더 큰 문제는 집시법의 '적용 단계'에서 위헌적 독소 조항들에 근거해 집회 개최지 관할 경찰서장이 신고된 집회에 대해 금지 통고를 할 수 있다는 점이다. 이와 관련해 집시법 제8조에 여러 호를 두고 상세히 규정하고 있다. 경찰서장의 집회 금지 통고권이 남용되면 사실상 집회는 '신고제'가 아니라 '허가제'로 운용되는 것이고, 이것은 집회에 대한 허가제를 금지하고 있는 우리 헌법 규정에 정면으로 위배된다. 집시법 제6조는 집회 주최자가 집회 시작 720시간 전부터 48시간 전에 관할 경찰서장에게

집시법 제12조는 '교통 소통을 위한 제한'이라는 제목 아래 "① 관할 경찰서장은 대통령령으로 정하는 주요 도시의 주요 도로에서의 집회 또는 시위에 대하여 교통 소통을 위하여 필요하다고 인정하면 이를 금지하거나 교통 질서 유지를 위한 조건을 붙여 제한할 수 있다. ② 집회 또는 시위의 주최자가 질서 유지인을 두고 도로를 행진하는 경우에는 제1항에 따른 금지를 할 수 없다. 다만, 해당 도로와 주변 도로의 교통 소통에 장애를 발생시켜 심각한 교통 불편을 줄 우려가 있으면 제1항에 따른 금지를 할 수 있다"고 규정하고 있다.

신고서를 제출할 것을 요구하는 신고제를 규정하고 있다. 집회에 대한 신고제란 신고만 하면 집회나 시위를 할 수 있는 자유를 전제로 하는 것이다. 이때 신고는 단지 경찰서장의 행정상의 참고를 위한 것이고, 실제 근본 취지에 맞는 신고제가 원활히 운영되려면 신고서 접수 후 48시간 이내에 관할 경찰서장이 내릴 수 있는 집회 금지 통고는 아주 예외적으로만 이루어져야 한다. 그러나 현실에서는 경찰서장의 집회 금지 통고가 남발되고 있다. 언론 보도에 따르면 지난 이명박 정부 시기에 시민·사회 단체가 계획했던 서울 도심에서의 민생·시국 관련 집회는 관할 경찰서장에 의해 거의 모두 금지 통고 처분을 받았다. 위헌적인 독소 조항들을 확대 해석하고 자의적으로 적용해 신고서가 들어온 대부분의 집회를 불법으로 간주하고 금지하는 금지 통고 처분이 남발된다면, 집회에 대해 신고제를 규정한 법의 취지는 잊히고 경찰서장의 금지 통고 처분이 사실상 집회 개최의 허용 여부를 결정하는 것이 된다. 이는 결국 집시법의 신고제 규정이 위헌적인 허가제로 운용되는 것과 같다.

그러면 이 위헌적 상황을 어떻게 개선해나가야 할까? 우선, 국민의 대표 기관인 국회가 최고 법인 헌법이 국민에게 부여한 집회의 자유를 무력화하는 위헌적인 독소 조항들을 전면적으로 재검토하고 헌법이 집회의 자유를 국민의 기본권으로 보장한 취지를 살리는 방향으로 개정해야 한다. 물론 국회의 법 개정이 이루어지기까지는 넘어야 할 산도 많고 시간도 적지 않게 걸릴 것이다. 그때까지는 경찰, 검찰, 법원 등이 집시법을 적용할 때 집회의

자유를 기본권으로 보장한 헌법의 정신이나 "집회 및 시위의 권
리 보장과 공공의 안녕 질서가 적절히 조화를 이루도록 하는 것
을 목적"으로 삼는다는 집시법 제1조의 취지에 맞게 집시법을 기
본권 중심으로 유연하게 해석하고 적용하는 자세를 견지해야 한
다. 집시법상의 위헌적인 독소 조항들을 자의적으로 확대 해석해
무리하게 적용하면서 집회를 가급적 금지하는 것이 법치주의가
아니다. '진정한 법치주의'는 최고 법인 헌법의 정신에 맞게 집시
법을 집회의 자유 '제한'보다는 '보장'의 측면에서 유연하게 해석
하고 적용하면서 국민이 당연히 누려야 할 헌법상의 기본권을 제
대로 향유할 수 있게 도와주는 것이다.

경찰은 국민에 대한 봉사자로서 국민이 가진 집회의 자유가 제대로 행사되도록 협력해야 할 의무가 있다. 자의적 판단으로 국민의 인권인 집회의 자유를 훼손하는 일은 결코 없어야 한다. 그런 점에서 이명박 정부 때 촛불 시위 현장에서 경찰차가 차벽으로 서울 광장을 봉쇄한 것과 관련해 "차벽이 병풍 같아서 더 아늑하게 느껴진다는 분들도 있다"고 한 경찰 수뇌부의 발언은 헌법과 현실의 괴리를 너무도 극명하게 보여준다.

공무원과 교사는 사적 영역에서도
정치적 표현의 자유를 제한받아야 하는가

우리 헌법 제7조는 "① 공무원은 국민 전체에 대한 봉사자이며, 국민에 대하여 책임을 진다. ② 공무원의 신분과 정치적 중립성은 법률이 정하는 바에 의하여 보장된다"라고 하여 공무원 제도에 대해 규정하고 있다.

우리 헌법은 공무원에 관한 규정을 두고 있다. 헌법 제7조 제1항을 보면 "공무원은 국민 전체에 대한 봉사자"라는 말이 나온다. 공무원은 '봉사자'라는 특수한 지위 때문에 정치적 표현의 자유를 비롯한 여러 정치적 인권에서 일반 국민의 정치적 인권보다 더 큰 제한을 받아왔다. 게다가 헌법 제7조 제2항에서는 "공무원의 신분과 정치적 중립성은 법률이 정하는 바에 의하여 보장된다"라고 규정해 공무원의 정치적 중립성을 강조하고 있다. 그런데 이 조항이 생긴 배경이 재미있다. 이 조항은 1960년 이승만 정권의 3·15 부정 선거와 4·19 시민 혁명을 거친 뒤 민주당 정권에서 만든 조항으로 본래 공무원이 정권에 휘둘리지 않도록 보호하자는 취지로 생긴 것이었다. 집권 세력이 공무원을 정치적으로 흔들거나 불이익을 가하지 않도록 그들의 권리를 보장하는 것이 목적이었다. 그런데 이후 권위주의 정부를 거치면서 이 정치적 중립성 조항이 정치적 색채를 띠면 안 된다는 공무원의 의무를 강조하는 쪽으로 변질됐다. 아울러 정치적 표현의 자유를 포함한 공무원들의 정치적 인권을 제한하는 근거로 사용돼왔다.

과거에는 공무원의 여러 가지 인권을 제한하는 이론적 근거로 19세기 독일 공법학에서 발달한 '특별 권력 관계 이론'이 있었다. '특별 권력 관계'란 법 규정이나 당사자의 동의 등 특별한 법적 원인으로 행정 주체와 일부 국민 간에 성립하는 관계로서, 공법상의 특정한 목적 달성에 필요한 한도 내에서 행정 주체가 일부 국민을 포괄적으로 지배하고 일부 국민이 이에 복종하는 공법상의 특수한 법률 관계를 말한다. 특별 권력 관계 이론은 행정 주체와 공무원 간의 복무 관계, 국공립 대학과 학생 간의 재학 관계, 수형 시설과 재소자 간의 수용자 관계, 국공립 병원과 환자 간의 입원 관계, 국공립 공원과 이를 이용하는 국민 간의 이용 관계 등에 적용됐다. 공무원은 행정 주체와 특별 권력 관계에 있어서 정치적 표현의 자유뿐만 아니라 여타의 많은 인권을 포괄적으로 제한당하는 처지였다. 그러나 현대에 와서 국내외의 헌법학계는 이 이론이 법치주의의 전면적 적용에 반하고 인권의 최대 보장이라는 현대 헌법학의 조류에도 역행한다고 보고 앞다퉈 폐기하고 있다. 더 이상 특별 권력 관계 이론은 공무원이라는 직업적 신분을 이유로 이들의 기본권을 일반 국민에 비해 더 포괄적으로 제한하는 것을 정당화하지 못한다.

공무원과 교사들도 정부가 추진하는 정책에 반대해 집회나 시위에 참여하거나 시국 선언을 해왔다. 2002년 9월 12일에는

2002년 6월 13일에 여중생 신효순, 심미선 양이 경기도 양주시 소재 국가 지원 지방도에서 갓길을 걷다 주한 미군 미 보병 2사단 대대 전투력 훈련을 위해 이동 중이던 부교 운반용 장갑차에 깔려 현장에서 숨진 사건이다. 이 사고의 수습 과정에서 주한 미군과 미국 정부의 무성의한 태도로 인해 한국 내 반미 시위가 촉발되었다.

국가 공무원법 제66조는 '집단 행위의 금지'라는 제목 아래 "① 공무원은 노동 운동이나 그 밖에 공무 외의 일을 위한 집단 행위를 하여서는 아니 된다. 다만, 사실상 노무에 종사하는 공무원은 예외로 한다. ② 제1항 단서의 사실상 노무에 종사하는 공무원의 범위는 국회 규칙, 대법원 규칙, 헌법재판소 규칙, 중앙 선거 관리 위원회 규칙 또는 대통령령으로 정한다. ③ 제1항 단서에 규정된 공무원으로서 노동조합에 가입된 자가 조합 업무에 전임하려면 소속 장관의 허가를 받아야 한다. ④ 제3항에 따른 허가에는 필요한 조건을 붙일 수 있다"고 규정하고 있다.

2,619명의 교사들이 미군 장갑차 여중생 살해 사건과 관련해 교사 시국 선언을 했고, 2003년 10월에 교사 700여 명이 '이라크 파병 반대 교사 시국 선언'을 했으며, 2004년 12월에는 교사 18,352명이 '국가보안법 폐지 촉구 교사 선언'을 했고, 2008년 6월에 교사 8,696명이 '쇠고기 재협상과 교육 정책 전면 전환 촉구 학교 대표자 선언'을 했으며, 같은 해 10월에는 근현대사 교과서 수정과 관련해 '전국 역사 교육자 선언'이 있었다.

그전까지는 이러한 시국 선언이 문제 되지 않았지만 몇 년 전부터 교사들의 시국 선언과 같은 정부 비판적인 표현 행위에 기소와 유죄 처벌이 이루어지기 시작했다. 과거에는 전교조 해직 교사들이 교단으로 복직한 문민 정부 이후 시국 선언으로 인해 교사들이 탄압을 받은 경우는, 2003년 총선 당시에 선거 국면에서 행한 시국 선언이 특정 정당을 지지한 것이라며 교원의 정치 활동 금지 위반 혐의로 법원에서 유죄 판결을 내린 것이 유일했다. 그런데 2009년에 정부 정책을 비판하는 전교조의 시국 선언에 대해 국가 공무원법 등의 위반 혐의를 이유로 검찰의 기소가 이어졌다. 이로 인해 전국의 법원들에서 국가 공무원법 제66조가 금지하고 있는 공무원의 집단 행위에 대해 유·무죄 판결이 엇갈리는 상황이 벌어졌다.

이런 가운데 2012년 4월 19일에 대법원이 전원 합의체 판결(선고 2010동 6388)에서 유죄의 원심을 확정하면서 상고 기각 판결을 내렸으나, 여기서도 다수 의견과 소수 의견이 갈렸다는 점에 주목할 필요가 있다. 다수 의견은 전교조의 시국 선언이 국가 공무원법 제66조 제1항이 금하는 집단 행위에 해당해 유죄라고 봤지만, 열세 명의 대법관 중 다섯 명의 대법관이 가담한 소수 의견은 무죄라고 본 것이다. 소수 의견에도 충분한 논거가 있었다. 대법원 판결에서 해석한 공무원의 집단 행위의 범위가 기존에 비해 넓게 적용되었다는 점이다. 따라서 소수 의견이 오히려 기존의 판례를 잇는 입장에 가깝고, 앞으로 이와 관련한 대법원의 판결은 뒤집힐 확률이 높다. 국가 공무원법 제66조 제1항의 공무 외의 일을 위한 '집단 행위'를 확대 해석해 노동 운동이 아닌 집단적인 정치적 의사 표현 행위를 포함시키는 것은 해당 조항이 가진 본래의 입법 목적을 벗어나는 위헌적인 법 해석일 수 있다.

헌법이 요청하는 공무원의 정치적 중립성은 해당 공무원에게 자신이 맡은 공직과 관련하여 불편부당(不偏不黨)하고 공정한

대법원에 올라온 사건들은 대부분 대법관 4인으로 구성된 소부에서 심리하여 판결이 내려진다. 그런데 소부 대법관들의 의견이 일치하지 않고 소수 의견이 나오거나 그 사건이 종전에 대법원에서 판시한 헌법·법률·명령 또는 규칙의 해석 적용에 관한 의견을 변경할 필요가 있음을 인정하는 경우일 때에는 대법원장과 13명의 대법관 전원이 심리하는 전원합의체에 사건이 회부된다. 그러나 전원합의체에서 심리되는 사건은 아주 극소수에 불과하다.

업무 수행을 요청하는 것일 뿐이다. 업무 외의 사적 영역에서는 공무원에게도 일반 국민으로서 정치적 표현의 자유가 폭넓게 보장되어야 한다. 공무원의 정치적 기본권 향유라는 측면에서 직무 수행과 인격을 분리해야 한다. 공무원이 직무 수행과 관련해 집단 행위를 하는 것은 금지해야 하겠지만, 인격체로서 자신의 정치적 소신을 표현하는 것은 정치적 기본권 행사로 보고 보호해야 한다.

공무원의 정치적 중립성에 대해 비교법적으로 살펴보자. 독일 바이마르 헌법 제130조 제1항은 "공무원은 전체의 봉사자이지, 특정 정당의 봉사자가 아니다"라고 규정했다. 현행 독일 연방 공무원법 제60조 제1항 제1문도 "공무원은 전체 국민의 봉사자이지, 특정 정당의 봉사자가 아니다"라고 규정하고 있다. 이러한 규정들에서 알 수 있듯이, 헌법이 요청하는 공무원의 정치적 중립성은 해당 공무원에게 자신이 맡은 공직과 관련해 불편부당하고 공정한 업무 수행을 요청하는 것일 뿐이며, 업무 외의 사적 영역에서는 일반 국민으로서 독일 헌법이 보장한 정치적 표현의 자유를 포함한 여러 정치적 기본권들을 향유할 수 있음을 천명하고 있다.

교육 공무원은 어떨까? 우리 헌법 제31조 제4항은 "교육의 자주성, 전문성, 정치적 중립성 및 대학의 자율성은 법률이 정하는 바에 의하여 보장된다"고 규정하고 있다. 하지만 우리는 과거 이 조항에 근거해 교육의 자주성, 전문성 및 정치적 중립성을 보장하기보다는 이를 빌미로 교사의 정치적 기본권을 과잉 제한하고

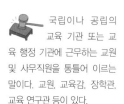
국립이나 공립의 교육 기관 또는 교육 행정 기관에 근무하는 교원 및 사무직원을 통틀어 이르는 말이다. 교원, 교육감, 장학관, 교육 연구관 등이 있다.

집권 세력의 이해관계에 부합하는 교육을 해왔다. 유신 때의 교육이 대표적이다. 달라진 점은 그전까지는 거의 문제 삼지 않았던 시국 선언과 같은 정부 비판적인 표현 행위에 대해 기소와 유죄 선고가 내려지고 있다는 점이다.

 유신 때에는 교육 현장에서 정권 홍보성 교육을 교사들에게 강요하는 일이 적지 않았으며 이에 대해 교사들이 시국 선언과 같은 정권 비판적 행동을 보이기도 했다.

공무원 사회에는 다양한 종류와 직급이 존재하며, 직무의 성격과 내용도 다양하다. 그러나 우리의 법제는 획일적·포괄적으로 모든 공무원의 정치적 기본권을 제한하고 있다. '정치적 기본권'도 포괄적 개념이어서 정치적 표현의 자유뿐만 아니라 정당 가입의 자유, 정당 활동의 자유, 정치적 활동의 자유 등 다양한 세부 기본권을 두루 의미한다. 그런데도 우리 법제는 이런 다양한 권리들을 '정치적 기본권'이라는 하나의 이름으로 묶어 일률적으로 제한하는 경향이 있다. 공무원도 그 종류와 직급, 맡은 직무의 성격과 내용에 따라 세분화할 필요가 있다. 이렇게 세분화된 공무원들에게 제한되는 정치적 기본권도 그것이 정치적 표현의 자유인지, 정당 가입의 자유인지, 정당 활동의 자유인지, 정치적 활동의 자유인지 다시 세분해서 적용할 필요가 있다. 지금의 우리 법제는 너무 획일적이고 포괄적으로 모든 공무원의 정치적 기본권을 제한하고 있어 문제다.

4. 사생활권과 그 제한

우리 헌법 제17조는 "모든 국민은 사생활의 비밀과 자유를 침해받지 아니한다"는 명문 규정을 통해 사생활권을 보장하고 있다. 사생활권이 있어 모든 국민은 성명, 초상과 같이 고유한 속성인 인격적 징표를 본인 허락 없이 공개당하지 않을 권리를 가진다. 또한 자신에 관한 정보의 열람, 정정, 사용 중지, 삭제 등을 요구할 수 있는 권리도 가진다. 사생활권은 원래 미국에서 탄생한 서구적인 인권이며, 미국에서는 위헌 판단의 근거로 가장 많이 활용되는 인권 중 하나다. 우리 헌법에는 1980년의 제8차 개정 헌법에서 처음 들어왔다. 그래서인지 헌법재판소가 사생활권을 위헌 판단의 근거로 거의 사용하지 못하고 있다. 미국에서는 이 사생활권이야말로 미국 연방 대법원이 위헌 심사 시 위헌 판단의 근거로 가장 많이 활용하는 인권 중의 하나라는 점에 비추어 봤을 때, 안타까운 마음이 들 수밖에 없다.

CCTV 남설과 사생활권

요즘 CCTV(Closed Circuit Television)가 맹활약 중이다. 언론은 CCTV를 각종 범인 검거의 '일등 공신'으로 치켜세우고, 지방 자치 단체나 경찰서 등에서는 지역 주민을 상대로 한 각종 여론 조사에서 CCTV 설치에 찬성하는 비율이 더 높게 나온다는 사실을 은근히 선전하고 있다. 폐쇄 회로 텔레비전의 약자인 CCTV는 CCTV 개인 영상 정보 보호 지침에 따르면, '일정한 공간에 설치된 촬영 기기로 수집한 영상 정보를 폐쇄적인 유선 또는 무선 전송로를 통해 특정한 수신자에게만 전송하는 시스템'으로 정의된다. 오늘날 기능이 급속도로 향상되어 상하좌우 회전

기능뿐 아니라 줌 인과 줌 아웃 거리 조절 기능까지 갖춰 이제 CCTV 영상에 잡히지 않는 사각지대는 없다.

CCTV의 사용은 크게 각종 범죄 예방을 위한 공공 부문에서의 사용과 도난 방지를 위한 민간 부문에서의 사용으로 구분할 수 있다. 공공 부문에서는 처음에 교통 흐름 조사용, 교통 법규 위반 단속용, 쓰레기 투기 단속용 등으로 CCTV를 사용하기 시작하다가 '범죄 방지'를 위한 뒷골목 방범용 CCTV가 등장한 후로 전국에 2,000여 기가 훨씬 넘는 CCTV가 설치되었다고 한다. 민간 부문에서도 은행 등 금융업장, 제조·창고·유통업장을 시작으로 소매점, 오락 단지, 건물·사무실, 아파트 단지 등에 CCTV의 설치가 확대되어 지금은 전국에 약 200만 기가 넘게 설치되어 있는 것으로 추산된다. 전국이 온통 CCTV로 덮여 있다고 해도 과언이 아닐 정도다.

공공 CCTV가 법적 근거 없이 설치된다면 명백한 위헌이다. 대한민국 법전에는 모든 사람들이 자유롭게 오고 갈 수 있는 주택가 골목길에서 왕래하는 사람들을 명시적 동의 없이 촬영해도 좋다고 규정한 법률 규정은 찾아볼 수 없다. 그런데 대다수 지방 자치 단체에서 구체적인 지침이나 조례도 없이 뒷골목 CCTV를 설치해 운영 중이라고 한다. 서울 강남구 등 자치 단체가 '방범용 CCTV 운영 관리 지침'과 같은 자체 관리 규정을 정해 비교적 체계적으로 관리하고 있다고는 하지만, 법률 없이 지침이나 자체 관리 규정만으로 국민의 사생활권을 제한하는 일은 '법에 의한 통치'를 지상 과제로 하는 법치 국가에서는 있을 수 없는 일이다.

민간 부문에서의 CCTV 사용에도 문제는 있다. 은행이나 백화점 등 사영업장에서 촬영한 영상을 언제까지 보관할 것인지, 누가 접근할 것인지, 어떻게 관리할 것인지에 대한 체계적인 방침을 찾기 힘들고 보안도 허술하다. 2012년 기준으로 '근로자 안전'을 이유로 전체 근로 현장의 약 75퍼센트에 CCTV가 설치되어 있다. 그중 26퍼센트만이 CCTV에 관한 단체 협약을 체결한 후 이를 설치·운영하고 있다고 하니, 나머지 대부분의 근로 현장에서는 단체 협약도 없이 마구잡이식으로 CCTV가 설치되어 근로자들의 일거수일투족을 감시하고 있는 것이다. 근로자 '안전'을 위한 것으로 포장된 근로자 '감시' 기제인 CCTV는 이제 근로 현장에서 노조에 가입한 근로자들을 해고하기 위해 설치한 간첩용 기계라는 의혹을 사고 있다.

국민의 사생활권에 미치는 영향을 고려할 때, 현재 통제의 사각지대에 방치돼 있는 CCTV 사용에 대한 적절한 규제 기준과 방식, 관리·감독 체계 등 보다 정교한 법적 장치 마련이 시급하다. 지금 이 순간에도 일부 지방 자치 단체의 뒷골목에서는 통행인의 사생활권을 침해하는 위헌적 행위들이 벌어지고 있음을 잊어서는 안 된다.

청소년도 사생활권의 주체다

사생활의 비밀과 자유, 즉 사생활권 속에서 다시 '개인 정보 자기 결정권'이 도출된다는 데에는 판례와 학설에 이견이 없다. '개인 정보 자기 결정권'이란 자신에 관한 개인 정보가 언제 누구에게 어느 범위까지 알려지고 이용되도록 할 것인지를 정보의 주체가 스스로 결정할 수 있는 권리를 말한다. 그리고 이때의 '개인 정보'란 "개인의 신체, 신념, 사회적 지위, 신분 등과 같이 개인의 인격 주체성을 특징짓는 사항으로서 그 개인의 동일성을 식별할 수 있게 하는 일체의 정보"를 말한다고 헌법재판소가 결정문에서 상세한 설명까지 곁들인 바 있다.

과거에 대구 지역의 한 시민운동가가 대구에 있는 여섯 개의 중학교에서 교복에 이름표를 바느질 등으로 고정시키도록 한 소위 '고정 명찰'을 강제해 학생들의 인권을 침해한다며 국가인권위원회에 진정을 제기했다. 고정 명찰을 단 학생들은 학교 밖에서까지 이름이 외부에 과도하게 노출되어 사생활의 비밀과 자유를 침해당한다는 것이다. 해당 중학교들에서는 고정 명찰이 교복 분실 방지, 명찰 파손 예방 등을 위해 필요하고, 또한 무엇보다 학생들이 학교 밖에서도 학생의 본분에 맞는 행동을 하도록 유도하기 위한 조치라고 강변했다. 이에 대해 국가인권위원회는 고정 명찰이 학생들의 사생활의 비밀과 자유를 지나치게 제한하고, 각종 범죄에 노출될 위험이 있는 등 부작용이 매우 크다고 보고 시정을 권고했다. 환영할 만한 결정이었다.

그전부터 고정 명찰이 물건 강매나 범죄 행위 등에 이용돼왔다는 점을 교육과학기술부도 인정했다. 고정 명찰이 청소년 탈선을 억제할까? 마음만 먹으면 고정 명찰이 부착된 교복을 벗을 수 있으니 동의하기 어렵다. 오히려 이런 사고 자체가 청소년을 헌법상 기본권을 향유하는 떳떳한 한 사람의 국민으로 바라보기보다

국가인권위원회는 국가인권위원회법에 근거해 2001년 11월 25일에 인권의 보호와 향상을 위한 업무를 독립적으로 수행하기 위해 설립되었다. 국가기관에 의해 인권이 침해되거나 법인, 단체 또는 사인에 의해 평등권이 침해된 경우 국가인권위원회는 이에 대해 합의 권고, 조정, 수사 개시와 필요한 조치의 의뢰, 구제 조치 등의 권고, 고발 및 징계의 권고를 할 수 있다.

는, 훈육과 계도의 대상으로 대하는 것으로 느껴져 쓸쓸하기까지 하다. 고정 명찰 부착 여부를 학교 자율에 맡기는 것이 바람직하다는 주장도 있다. 그러나 고정 명찰이 헌법이 보장한 기본권을 박탈하는 위헌적 조치라면 학교에서 자체적으로 시행 여부를 결정할 수 있는 자율 사항이 될 수 없다. 영국이나 미국 등의 사립학교들도 교복을 입게 하지만 그 교복에 바느질 등으로 이름표를 고정하게 하는 곳은 한 군데도 없다. 헌법 제17조가 사생활의 비밀과 자유의 주체로 '국민'을 규정하고 있고, 청소년도 어엿한 대한민국의 '국민'임을 우리 모두 상기할 필요가 있다.

5. 평등권의 제한

우리 헌법 제11조는 평등 조항을 두고 있다. 이 조항에서 대표적 인권인 평등권이 나온다. 평등권은 현실에서 가장 빈번히 침해받는 인권이다. 갖가지 형태의 차별이 자행되는 현실에서 평등권 침해는 항상 인권 침해의 가장 뜨거운 이슈다. 우리 헌법재판소에서도 평등권은 위헌 판단의 근거로 가장 많이 활용되는 인권이다. 그만큼 평등권은 중요한 인권이라고 할 수 있다.

군경 등에 대한 이중 배상 금지 규정,
개헌을 통해 삭제해야
우리는 종종 군인이나 경찰 공무원의 공무 수행 중 사망이나 부상 소식을 언론을 통해 접한다. 그런데 이러한 희생으로 군경 자신이나 그 유가족이 받게 되는 보상 금액의 액수를 들으면 허탈하지 않을 수 없다. 부당하리만치 적은 금액이 지급되기 때문이다. 국가 배상법 제2조와 그 헌법적 근거가 되는 헌법 제29조 제2항에 따른 결과다. 이 규정들은 '국고 고갈 방지'라는 명목으로 군경들이 공무 수행 중 손해를 입어 국가로부터 재해 보상금, 유족 연금 등의 보상을 받으면 따로 국가를 상대로 국가 배상 청구 소송을 제기해 배상금을 타내지 못하도록 하고 있다. 한 번 보상받으면 그걸 끝으로 다시는 배상을 청구할 수 없다는 소위 '이중 배상 금지' 규정이 유독 군인과 경찰에게만 헌법이 국민의 기본권으로 보장하고 있는 국가 배상 청구권을 제한하고 있는 것이다.

이중 배상 금지 규정은 짧지 않은 역사를 가지고 있다. 맨 처음 이 규정이 위력을 발휘한 것은 베트남 파병 때이다. 1965년, 박정희 대통령의 전격적인 베트남 파병 결정에 따라 대한민국의 젊은 이들이 베트남전에 투입되었고, 전투 중 많은 이들이 전사하거나 부상을 당했다. 국가는 이들에게 법이 정한 보상금을 지급해야 했고, 이들의 전사나 부상이 상관의 부당한 명령을 따르는 등 다른 군인의 직무상 불법행위로 초래되었을 경우 국가 배상 소송을 걸어 배상을 청구해오면 배상금도 물어주어야 했다. 이런 배경에서 1967년 3월 3일에 법률 제1899호로 공포된 국가 배상법 제2조는 군인, 군속의 직무 수행 중 얻은 손해에 대해서는 보상으로 족하고 따로 손해 배상을 청구할 수 없게 했다. 이 조항은 '국가 재정 고갈 방지'라는 미명 아래 법률로 헌법이 보장하는 국가 배

국가 배상 청구권이란 공무원의 직무상 불법행위로 말미암아 손해를 입은 국민이 국가 또는 공공단체에 대해 배상을 청구할 수 있는 권리를 말한다. 우리나라에서는 건국헌법 이래 헌법에서 이 국가 배상 청구권을 국민의 기본권으로 규정하고 있는데, 현행 헌법에서는 헌법 제29조 제1항이 "공무원의 직무상 불법행위로 손해를 받은 국민은 법률이 정하는 바에 의하여 국가 또는 공공단체에 정당한 배상을 청구할 수 있다. 이 경우 공무원 자신의 책임은 면제되지 아니한다"고 규정하고 있다.

상 청구권 행사를 군인, 군속 신분인 이들에게만 원천적으로 차단하는 것이어서 위헌 시비가 끊이지 않았다.

이에 당시 헌법에 의해 위헌 법률 심사권을 행사하던 대법원에서 국가 배상법 제2조에 대한 위헌 여부를 심사했다. 대법원은 과감히 위헌 결정의 칼을 빼들었다. 위헌의 주된 근거는 평등권 침해였다. 국가 배상 청구권의 행사와 관련해 군경과 민간인 혹은 군경과 다른 공무원을 차별하는 데 합리적 이유가 없다는 것이다. 국가가 내세운 이중 배상으로 인한 '국고 고갈 방지'는 군경의 국가 배상 청구권이라는 기본권 제한을 정당화하는 근거가 되지 못한다는 논리였다. 이 위헌 결정은 당시로서는 상당히 적극적이고 파격적인 판결이었다. 하지만 이후 위헌 입장을 피력한 대법관들은 연임에서 탈락해 법복을 벗는 등 갖가지 방법으로 정권의 보복을 당해야 했다.

1972년에 유신 헌법이 공포되면서 위헌 법률 심사권은 대법원에서 '헌법 위원회'로 넘어갔다. 더욱이 유신 헌법에서 이중 배상 금지 규정은 군인, 군속 이외에 경찰 공무원을 추가하는 개악을 거쳐 법률이 아니라 헌법에 규정되었다. 이 조항이 위헌 법률 심사에서 폐지되는 일이 다시는 일어나지 않도록 하기 위해 아예 헌법에 올려놓은 것이다. 헌법 조항들 간에는 동위성(同位性)이 인정되어 어떤 헌법 조항이 다른 헌법 조항에 위배된다는 이유로 위헌 심사를 통해 무효화할 수 없다는 점을 노린 것이었다. 뒤이은 1973년의 국가 배상법 개정에서는 군인, 군속, 경찰 공무원에 이어 향토 예비군 대원을 또다시 추가했다. 국가 배상 청구권 제한 대상의 범위를 넓혀가는 개악이 계속된 것이다.

앞으로 어떤 이유로든 만약 개헌을 한다면, 이 조항을 손대야 한다고 믿는다. 군경 등에 대한 헌법상의 이중 배상 금지 규정을 폐지하고 이를 구체화한 국가 배상법 제2조도 삭제해야 한다. 이미 1971년에 대법원이 평등권 침해로 위헌 판결을 내렸던 조항이다. 헌법상의 이중 배상 금지 규정은 지금도 같은 헌법 안에서 제11조의 평등권 조항과 충돌을 일으키며 불안한 동거를 계속하고 있다. 이 조항은 위험 부담이 큰 군경 등에 대해 더 두텁게 생활 보장을 해주지는 못할망정 오히려 이들의 정당한 국가 배상 청구권 행사를 가로막고 있다. 권위주의 시대의 독재 정권이 만든 대표적 악법 조항을 이제는 헌법에서 꼭 추방해야 한다. 군인과 경찰 공무원도 기본권을 향유할 자격이 있는 국민이기 때문이다.

6. 인권과 인권의 충돌

실제 현실의 사안에서는 이제껏 살펴본 것처럼 하나의 인권이 적용되거나 그 인권의 제한이 문제 되는 경우보다, 어떤 상황에서 여러 인권 주체들이 서로 다른 인권을 주장하는 경우가 더 많다. 이와 같이 '복수의 인권 주체가 서로 대립되는 인권의 적용을 주장하는 경우'를 '인권의 충돌'이라고 한다. 예를 들어 소설가 A가 자신의 소설 작품에서 특정 연예인 B의 사생활을 구체적으로 언급해 B가 소송을 제기하는 상황을 떠올려보자. 복수의 인권 주체인 A와 B는 동시에 자신들의 인권이 침해당했다고 주장할 수 있다. 소설가 A는 연예인 B에 대해 자신의 예술의 자유 침해를 주장할 수 있고, 연예인 B는 소설가 A가 자신의 사생활권을 침해했다고 주장할 수 있는 것이다. 그러면 이러한 인권의 충돌 상황이 벌어졌을 때 이것을 어떻게 해결해야 할까? 헌법학에서는 이에 대한 해결 이론으로 '법익 형량의 원칙'과 '규범 조화적 해석의 원칙'을 제시한다.

충돌하는 인권들 중 '보호 법익'이 상대적으로 더 큰 인권만을 사안에 적용하고 나머지 인권은 후퇴시킨다는 원칙이 '법익 형량의 원칙'이다. 나는 '서열'이라는 말을 그다지 좋아하지 않지만, 여하튼 인권에도 서열이 있다. 보호 법익이 큰 상위의 인권과 보호 법익이 작은 하위의 인권이 있다. 서열의 관점에서 봤을 때, 최상위의 인권은 생명권이다. 생명권을 침해당한다는 것은 생명을 잃는 것이고, 그것은 한 개인에게 '전(全) 우주의 종말'을 의미하기 때문이다. 내심 작용과 관련된 양심의 자유, 종교의 자유, 학문과 예술의 자유나 이 내심 작용으로 형성된 개인의 양심, 신앙이나 의견을 외부에 표현하는 데 따른 표현의 자유, 즉 언론·출판·집회·결사의 자유를 통틀어 '정신적 자유권'이라 부른다. 정신적 자유권도 민주 사회의 유지와 운영을 위해 중요성이 크고 보호 법익도 큰 우월적 인권들이기 때문에 인권들 중에서도 서열이 높다.

그에 비해 경제 활동이나 소득 활동과 관련된 재산권이나 직업 선택의 자유와 같은 경제적 인권들은 우리나라와 같은 수정 자본

'보호 법익'이란 각각의 인권에 의해 보호되는 법적 이익을 말한다. 인권 중에는 보호 법익이 큰 인권도 있고 보호 법익이 작은 인권도 있다. 따라서 개별적 인권의 보호 법익의 크기는 상대적으로 차이가 날 수 있다.

주의 체제에서는 공익을 위해 제한할 수 있는 하위의 인권에 속한다. 따라서 구체적 상황에 따라 다를 수 있겠지만 만약 어떤 이의 종교의 자유와 타인의 재산권이 충돌할 경우에는, 법익 형량의 원칙에 따라 보호 법익이 더 큰 종교의 자유만 적용되고 재산권은 적용되지 않는다. 또한 도심에서의 집회 개최로 도심 상가 지역 상인들이 매출 감소 등 영업에 불이익을 입더라도, 법익 형량의 원칙을 적용하면 정신적 자유인 집회의 자유가 재산권보다 보호 법익이 더 큰 상위의 인권이기 때문에 집회의 자유가 이 사안에 적용되고 재산권은 후퇴되는 경우가 많다.

그런데 때로는 '인권의 충돌'에서 충돌하는 인권들이 그 서열이나 보호 법익의 크기에 있어 우열을 가리기 어려운 경우가 있다. 이럴 때는 충돌하는 두 인권 중 어느 하나를 후퇴시키는 것이 아니라 두 인권 모두 그 기능과 효력을 최대한 발휘할 수 있는 조화로운 방법을 추구해 인권 간에 형평이 유지될 수 있도록 해야 한다는 것이 '규범 조화적 해석의 원칙'이다. 그리고 이 규범 조화적 해석의 원칙의 중요한 세부 원칙이 '공평한 제한의 원칙'이다. 즉 충돌하는 두 인권에 모두 비례적으로 공평하게 제약을 가하면서 둘 다 사안에 적용해주는 것이다.

'정기 간행물의 등록 등에 관한 법률'에 규정되어 있던 정정 보도 청구 제도란 신문이나 잡지 등 정기 간행물의 보도에 의하여 인격권 등의 침해를 받은 피해자가 그 정기 간행물에 자신의 반박문을 실어줄 것을 요구할 수 있는 제도를 말한다. 언론 보도로 인한 피해자에게 반박의 기회를 허용함으로써 언론 보도의 공정성과 객관성을 향상시켜 언론 보장을 더욱 충실하게 하기 위한 제도이다. 헌법재판소의 합헌 결정(89헌마165) 이후 용어만 정정 보도 청구에서 반론 보도 청구로 개정되었다.

이와 관련해 정정 보도 청구 제도를 규정한 '정기 간행물의 등록 등에 관한 법률' 제16조 제3항과 제19조 제3항의 위헌 여부를 물은 헌법 소원 심판 사건(헌재 1991. 9. 16. 89헌마165)에서 헌법재판소는 법률 조항들이 규정하고 있던 정정 보도 청구 제도에 합헌 결정을 내렸다. 제시된 합헌의 근거는 다음과 같다.

정정 보도 청구 제도는 정기 간행물의 기사 내용에 의해 침해받을 수 있는 개인의 인격권과 정기 간행물을 발행하는 언론 기관의 보도의 자유라는 인권이 충돌하는 '인권 충돌'의 상황에서, 두 인권을 각각 조금씩 제한하면서 두 인권을 모두 적용해주는 제도로서, 보호 법익의 크기에서 우열을 가릴 수 없는 '인격권'과 '언론 기관의 보도의 자유'를 공평하게 제한하여 충돌하는 두 인권 모두 최대한 그 기능과 효력을 나타낼 수 있도록 하는 조화로운 방법을 모색한 제도여서 합헌이라는 것이다. 다시 말해, 정정 보도 청구 제도를 규정한 법률 조항들 자체가 '인권의 충돌'을 '규범 조화적 해석의 원칙'에 맞게 해결한 합헌적 법률이라는 것이다.

정정 보도 청구 제도에 의한 개인 인격권의 제한은 가치 판단을 제외한 사실적 주장만 정정 보도 청구 대상으로 하고 있었다는 점에서 드러나고, 정정 보도 청구권을 행사하려면 일간 신문 또는 통신의 경우에는 14일 이내, 그 밖의 정기 간행물인 경우에는 1개월 이내로 제한했다는 점에서도 확인할 수 있다. 단기의 제청 기간을 채택함으로써 언론 기관이 장기간 불안정한 상태에 빠지는 위험을 방지하고자 한 것이지만 개인의 인격권은 제한된다. 한편 언론 기관의 보도의 자유를 제한했다는 내용은, 정정 보도 청구를 받아들일 경우 언론 기관이 정정 보도문을 즉시 게재하도록 한 점, 이를 받아들이지 않을 경우 언론중재위원회가 중재할 필요가 있다고 규정한 점 등에서 찾아볼 수 있다. 이처럼 정정 보도 청구 제도를 규정한 '정기 간행물의 등록 등에 관한 법률' 조항들 자체가 '인권의 충돌'을 '규범 조화적 해석의 원칙' 중 '공평한 제한의 원칙'에 맞게 규정하고 있었다.

규범 조화적 해석의 원칙의 또 다른 세부 원칙으로 '대안 발견의 원칙'이 있다. 충돌하는 인권들 간에 효력의 우열을 가릴 수 없을 뿐 아니라 공평한 제한까지도 수용하기 어려울 경우에는 두 인권 모두의 효력을 유지하는 대안을 찾아내는 방법으로 '인권의 충돌' 상황을 해결해야 한다는 원칙이다.

그 외에도 인권의 충돌 상황은 우리 주변에서 많이 일어난다. 그리고 인권의 충돌 상황을 입법적으로 해결한 법률들도 많이 있다. 낙태야말로 태아의 생명권과 임신부의 자기 결정권이 충돌하는 대표적인 인권의 충돌 상황이다. 낙태를 허용하거나, 형법상

범죄로 규정해 처벌하고 금지하거나, 금지하더라도 태아가 인간 형상을 갖춘 임신 중반기나 후반기의 낙태만 금지하거나, 낙태를 원칙적으로 금지하면서 예외적 허용 사유를 폭넓게 인정하거나 하는 등 나라마다 역사적 전통이나 문화적 특수성에 따라 낙태를 다루는 법 규정을 달리하고 있다.

생명을 중시하는 가톨릭 전통이 강한 독일에서는 태아의 생명권을 임신부의 자기 결정권보다 우선해 낙태를 원칙적으로 금지한다. 의사가 동의한 임신 후 3개월 이내의 낙태는 예외적으로 허용하던 독일 형법상의 낙태죄 예외 규정에 대해서까지도 독일 연방 헌법재판소는 1993년에 위헌 결정(88 BverfGE 203)을 내리며 전면 금지했다. 반면 유럽에 비해 가톨릭 전통이 약한 미국에서는 앞에서 본 것처럼 연방 대법원이 로 대 웨이드 판결을 내리며 절충적인 입장을 취했다. 미국 연방 대법원은 이 판결에서 임신 기간을 3개월씩 3분기로 나눠 임신 초기 3개월 동안에는 태아의 생명권보다 임신부의 자기 결정권을 우선해 자유롭게 낙태할 수 있게 했다. 반대로 임신 후기 3개월 동안에는 태아가 인간의 형상을 갖춘 시기이니만큼 태아의 생명권을 임신부의 자기 결정권보다 우선해, 낙태를 하지 않으면 임신부의 생명이 위독하게 되는 경우를 제외하고는 일체 금지했다. 그리고 임신 4개월부터 6개월까지의 임신 중기 3개월 동안에는 주 의회가 주의 형법으로 재량껏 정할 수 있게 했다. 즉, 각 주의 사정에 따라 낙태를 금지할 수도 있고 허용할 수도 있게 한 것이다.

우리나라는 법 규정상으로는 낙태를 규제하고 금지하는 쪽에 속한다. 우리 형법은 임신 기간에 관계없이 제269조에서 낙태를, 제270조에서 의사 등의 낙태를 범죄로 처벌하고 있다. 다만 모자보건법 제14조에서 다섯 가지의 낙태 정당화 사유를 규정하고 있다. 첫째, 우생학적 또는 유전학적 정신 장애나 신체 질환이 있는 경우, 둘째, 전염성 질환이 있는 경우, 셋째, 강간 또는 준강간에 의한 임신인 경우, 넷째, 법률상 혼인이 불가능한 혈족·인척 간 임신인 경우, 다섯째, 모체의 건강을 심각하게 해치고 있거나 해칠 우려가 있는 경우다. 즉, 형법에서는 전면적으로 낙태를 금지·처벌하고 모자보건법에서는 이 금지를 부분적으로 풀어준 것이다.

그런데 모자보건법이 규정하고 있는 낙태의 다섯 가지 정당화 사유에서 "전염성 질환이 있는 경우"나 "모체의 건강을 심각하게 해치고 있거나 해칠 우려가 있는 경우" 같은 조건은 상당히 추상적이고 포괄적이다. 그래서 우리나라의 낙태와 관련한 법 규정은 '원칙적 금지와 예외적 허용'의 방식을 채택하고 있으나, 현실적으로는 낙태가 인정되는 예외의 범위가 포괄적이고 넓어서 낙태 금지의 취지를 무색하게 하고 있다는 평가도 많다.

태아 성별 고지 금지의 위헌성과 사회 변화

태아의 생명을 보호하기 위해 임신 중에 태아의 성별을 알려주지 못하게 한 의료법도 태아의 생명권과 부모의 태아 성별을 알 권리가 충돌하는 '인권의 충돌'에 해당한다. 이 의료법 규정에 대해 헌법재판소가 위헌 여부를 판단해 2008년에 그에 대한 결정을 내렸다.

 우리 형법 제269조는 '낙태'라는 제목 아래 "① 부녀가 약물 기타 방법으로 낙태한 때에는 1년 이하의 징역 또는 200만 원 이하의 벌금에 처한다. ② 부녀의 촉탁 또는 승낙을 받아 낙태하게 한 자도 제1항의 형과 같다. ③ 제2항의 죄를 범하여 부녀를 상해에 이르게 한 때에는 3년 이하의 징역에 처한다. 사망에 이르게 한 때에는 7년 이하의 징역에 처한다"고 규정하고 있다.

우리 형법 제270조는 '의사 등의 낙태, 부동의 낙태'라는 제목 아래 "① 의사, 한의사, 조산사, 약제사 또는 약종상이 부녀의 촉탁 또는 승낙을 받아 낙태하게 한 때에는 2년 이하의 징역에 처한다. ② 부녀의 촉탁 또는 승낙 없이 낙태하게 한 자는 3년 이하의 징역에 처한다. ③ 제1항 또는 제2항의 죄를 범하여 부녀를 상해에 이르게 한 때에는 5년 이하의 징역에 처한다. 사망에 이르게 한 때에는 10년 이하의 징역에 처한다. ④ 전 3항의 경우에는 7년 이하의 자격 정지를 병과한다"고 규정하고 있다.

한때 우리 사회에서 여아 100명당 남아 수를 나타내는 성비가 116.5에 이를 정도로 남아 수와 여아 수가 심한 불균형을 보이던 때가 있었다. 정부는 이것이 1980년대 초반부터 산부인과에 도입된 초음파 기계로 병원에서 태아의 성을 감별해 알려주면서 남자아이만 골라 낳는 부모들이 생겨났기 때문이라고 판단하고, 의료법 제19조의2 제2항에 "의료인은 태아 또는 임부에 대한 진찰이나 검사를 통하여 알게 된 태아의 성별을 임부 본인, 그 가족, 기타 다른 사람이 알 수 있도록 하여서는 아니 된다"는 규정을 넣었다. 이렇게 해서 규정된 의료법상의 태아 성 감별 금지 규정에 대해 지난 2008년에 헌법재판소가 헌법 불합치 결정(헌재 2008. 7. 31. 2005헌마90)을 내려 위헌성을 지적했다. 의료인의 직업의 자유와 일반적 인격권으로부터 파생되는 부모의 태아 성별 정보에 대한 접근을 방해받지 않을 권리를 침해한다는 것이 다수

의견이 제시한 헌법 불합치 결정의 이유였다.

헌법재판소의 이 결정은 태아의 성별 고지를 거절당한 태아의 아버지가 제기한 헌법 소원 사건과, 임신부에게 태아의 성별을 확인해주었다는 이유로 6개월간 의사 면허 자격 정지 처분을 받은 산부인과 의사가 제기한 헌법 소원 사건을 모두 다루었다. 이 결정에서 9인의 헌법재판소 재판관 중 다섯 명은 헌법 불합치 의견, 세 명은 단순 위헌 의견, 한 명은 합헌 의견을 내는 등 의견이 첨예하게 갈렸다. 이 중 3인 재판관의 단순 위헌 의견이 5인 재판관의 헌법 불합치 의견과 합쳐져 8인 재판관에 의해 헌법 불합치 결정이 선고된 것이다.

5인 재판관의 헌법 불합치 의견은 태아 성별 고지 금지 규정에 과잉 금지 원칙을 적용했다. 이 규정이 성별을 이유로 한 낙태를 방지함으로써 성비의 불균형을 해소하고 태아의 생명권을 보호하기 위해 입법된 점을 인정하며 '목적의 정당성'은 충족한다고 봤다. 하지만 낙태를 하면 임신부의 건강이 위험하고 심지어 죽을 수도 있어 낙태가 거의 불가능한 임신 후반기까지 태아의 성별을 알려주지 못하게 하는 점이 문제가 됐다. 임신 후반기에는 사실상 낙태를 할 수 없는데도 전체 임신 기간 동안 태아의 성별을 고지하지 못하게 하는 것은 의료인과 태아 부모의 기본권을 과잉 금지 원칙 중 '침해의 최소성'에 어긋나게 제한해 침해에 이르고 있다는 것이다. 성별 고지 금지 규정이 성별을 이유로 한 낙태를 방지함으로써 성비의 불균형을 해소하고 태아의 생명권을 보호하려는 입법 목적을 이루기 위한 가장 경미한 방법이 아니라는 의미다.

또한 이러한 법 규정이 '법익의 균형성'에도 위배된다는 점을 지적했다. 태아의 생명은 중요한 법익으로서 국가가 보호할 책임이 있지만, 태아가 낙태로부터 안전한 시기에 접어들어서까지 태아의 생명 보호를 이유로 의사의 직업 수행의 자유나 임부 및 가족의 인권을 제한하는 것은 '태아의 생명 보호'라는 공익보다 더 큰 사익을 희생시킨다는 것이다. 법 규정의 이러한 위헌성을 지적하면서도 다수 의견은 단순 위헌이 아니라 헌법 불합치 결정 형식을 택했다. 단순 위헌 결정을 할 경우 태아의 성별 고지 금지에 대한 근거 규정 자체가 사라져 법적 공백 상태가 발생하게 될 것을 우려했기 때문이다.

단순 위헌이라고 보았던 3인 재판관은 다수 의견이 주장한 기본권들 이외에, 부모의 태아에 대한 보호 양육권 침해를 추가했다. 여아든 남아든 낙태를 금지해 태아의 생명을 보호한다는 입법 목적이 형법상의 낙태죄 규정으로 충분히 달성되므로, 태아 성별 고지 행위를 태아의 생명을 박탈하는 행위로 간주하면서 '태아의 생명 보호'를 입법 목적으로 설정한 것은 '목적의 정당성'에 어긋난다고 지적했다.

이와는 반대로 1인 재판관의 합헌 의견은 임신 후반기에도 태아의 성별을 이유로 낙태할 가능성이 있다고 보고 임신 전(全) 기간 동안 태아의 성별 고지를 금지하는 것이 불가피하다고 강조했다. 또 부모의 태아 성별 정보에 대한 접근을 방해받지 않을 권리라는 것이 헌법 제10조에서 도출되는 '일반적 인격권'의 하나로 보기 어렵다고 주장했다.

통계청의 발표에 따르면 2007년에 태어난 아이들의 성비는 106.1로 자연 상태를 회복했다. 남아 선호가 우리 사회에서 어느 정도 사라졌다는 증거다. 본 판결은 이러한 사회 변화를 적극적으로 사법적 판단에 반영하면서, 태아의 부모나 의사의 인권 보장을 강조하고 있다는 점에서 긍정적으로 평가할 수 있다. 그러나 합헌 의견이 잘 지적하고 있듯이, 인권으로 인정한 '부모의 태아 성별 정보에 대한 접근을 방해받지 않을 권리'의 헌법적 근거가 없고 구체적 내용에 대해서 상세한 설명을 제공하고 있지 않아서 아쉬움이 남는다.

깊이 읽기
사형제에 대한 헌법재판소 결정
(헌재 1996. 11. 28. 95헌바1)

이 사건에서 우리 헌법재판소는 '형의 종류'의 하나로 사형을 규정하고 있는 형법 제41조와 법정형의 하나로 사형을 규정한 헌법 제250조 제1항의 살인죄 규정에 대해 합헌 결정을 내렸다. 즉 사형제도 자체의 합헌성을 인정한 것이다. 그러나 이 결정은 만장일치의 결정은 아니었으며 김진우 재판관과 조승형 재판관은 반대 의견으로 위헌 의견을 개진했다.

우선 김진우 재판관은 헌법 제10조에 규정된 인간의 존엄에 대한 존중과 보호의 요청은 형사입법, 형사법의 적용과 집행의 모든 영역에서 지도적 원리로서 작용하므로 형사법의 영역에서 입법자가 인간의 존엄성을 유린하는 악법의 제정을 통해 국민의 생명과 자유를 박탈 내지 제한하는 것이나 잔인하고 비인간적인 형벌제도를 채택하는 것은 헌법 제10조에 반하고, 사형제도는 양심에 반해 법 규정에 의해 사형을 언도해야 하는 법관은 물론, 양심에 반해 직무상 어쩔 수 없이 사형의 집행에 관여하는 자들의 양심의 자유와 인간으로서의 존엄과 가치를 침해하는 비인간적인 형벌제도이기도 하다고 보았다.

조승형 재판관도 사형제도가 생명권의 본질적 내용을 침해하는 생명권의 제한이므로 헌법 제37조 제2항 단서에 위반된다고 보았다. 가사 헌법 제37조 제2항 단서상의 생명권의 본질적 내용이 침해된 것으로 볼 수 없다고 가정하더라도, 형벌의 목적은 응보·범죄의 일반 예방·범죄인의 개선에 있음에도 불구하고 형벌로서의 사형은 이와 같은 목적 달성에 필요한 정도를 넘어 생명권을 제한하는 것으로 목적의 정당성, 수단의 적정성, 피해의 최소성 등 제 원칙에 반한다고 보았다.

이 결정으로 헌법재판소는 사형제에 대해 일단 합헌의 면죄부를 주었다. 그러나 다수 의견은 생명권 제한과 관련된 부분에서 헌법 정신에 비추어 볼 때 한 생명의 가치만을 놓고 본다면 생명권은 절대적 기본권으로 보아야 함이 당연하고 생명권에 대한 법률상의 제한을 인정한다는 것은 이념적으로 법리상 모순이라고 하면서도, 현실적인 측면에서 볼 때 생명에 대한 법적 평가가 예외적으로 허용될 수밖에 없고 생명권도 법률 유보의 대상이 될 수밖에 없다고 봄으로써 생명권의 절대적 기본권성과 관련해 아리송한 태도를 취하고 있다. 그리고 이러한 헌법재판소의 입장은 14년 후인 2010년 2월 25일의 2008헌가23 결정에도 그대로 이어져 헌법재판소는 사형제에 대해 재차 합헌 결정을 내렸다.

나가는 말 # 법은 약자와 소수자의 인권을 위해 존재한다

국가인권위원회에 바란다

2001년 4월 30일에 야당이 반대표를 던진 가운데 세 표 차로 아슬아슬하게 국회를 통과한 법이 있다. 인권 단체들도 실효성 미흡을 이유로 당시 대통령이었던 김대중 대통령에게 이 법에 대한 거부권 행사를 촉구했다. 정치권과 시민사회 어느 쪽도 지지와 축복을 보내지 않는 상태에서 국회를 통과한 이 법이 바로 국가인권위원회법이다.

2001년 11월 25일에 이 법에 근거해 국가인권위원회가 세워진 지 어느덧 12년이 넘는 세월이 흘렀다. 국가인권위원회는 우리 사회의 인권 보장 요구를 제도적으로 수렴했다는 점만으로도 충분히 긍정적인 의의를 찾을 수 있다. 지난 12년 동안 국가인권위원회는 수없이 많은 결정을 내렸는데, 그중에서 상당수는 우리

사회에 인권과 관련한 신선한 논쟁을 불러일으켰고, 그러한 사회
적 공론화의 과정을 통해 부지불식간에 우리 국민들의 의식 구조
와 우리 사회에 크고 작은 변화를 이끌어냈다. 특히 인권위의 몇
몇 결정은 우리 사회의 뿌리 깊은 '차별'을 당연한 것으로 보지 않
고 인권 침해적 관점에서 바라볼 수 있게 하는 기회를 제공함으
로써 사회 전반의 평등 감수성을 높이는 계기를 마련했다고 평가
할 수 있다. 일례로 크레파스의 '살색' 색명이 피부색을 이유로 한
불합리한 차별이라고 본 결정을 들 수 있다.

　다른 예도 얼마든지 많이 있다. 국가인권위원회는 2005년 12
월 26일에 양심적 병역거부를 인정하는 대체 복무제 입법을 국회
의장과 국방부 장관에게 권고했다. 우선 인권위는 양심적 병역거
부권이 헌법 제19조와 '시민적·정치적 권리에 관한 국제 규약'
제18조의 양심의 자유의 보호 범위 내에 있음과 병역의 의무가
국가의 안전 보장을 위한 국민의 필요적 의무임을 지적했고, 양
심적 병역거부권과 병역 의무가 조화롭게 공존할 수 있는 대체
복무 제도가 도입되어야 한다고 주장했다. 그러자 양심의 자유가
국가에게 개인의 양심을 고려해 보호할 것을 요구하는 권리일
뿐, 양심상의 이유로 법적 의무 이행을 거부하거나 법적 의무를
대신하는 대체 복무 제공을 요구할 수 있는 권리는 아니라고 판
시한 헌법재판소의 입장과 상반된다는 반대의 목소리도 높았다.
그러나 그 후 헌법재판소도 또 다른 양심적 집총 거부 사건에서
대체 복무 법안을 조속히 마련할 것을 국회에 촉구하는 쪽으로
입장을 선회했다.

 2001년 8월에 국가
인권위원회는 '살색'
이라는 명칭이 피부색으로 사
람을 차별한다는 김해성 목사
및 이주 노동자들의 청원을 받
아들여, 한국기술표준원에 '살
색'이라는 색 이름을 바꿀 것을
권고했다. 그러자 2002년 11월
에 한국기술표준원은 이를 '연
주황'으로 바꾸었다. 그리고
2004년에 다시 초·중등학생
열한 명이 이것을 쉬운 우리말
로 바꿔달라는 진정서를 제출
하여 최종적으로는 '살구색'이
표준어로 사용되게 되었다.

 헌재 2004. 8. 26.
2002헌가 결정에 의
하면, 당시 헌법재판소는 양심
상의 결정에 의한 집총 거부자
도 입영 기피자로 처벌하는 병
역법 제88조 제1항 제1호에
대해 양심의 자유를 침해하거
나 평등 원칙을 위반하지 않는
다며 합헌 결정을 내렸다.

 헌재 2011. 8. 30. 2008
헌가22 결정문에서 헌
법재판소의 이러한 입장 변화
가 감지된다.

국가인권위원회의 결정이 현실과 동떨어진 이상적 관점에 머물러 있다고 지적받던 때도 있었다. 인권위의 권고가 정부의 입장과 일치되지 않는 측면이 있음을 지적하는 주장도 크게는 이러한 시각과 닿아 있다. 인권위가 이명박 정부 시절의 촛불 시위 진압과 관련해 경찰에 의한 인권 침해 문제를 제기한 것이 한 예이다. 이러한 인권위 결정 후에 이명박 정부는 직제령을 개정해 인권위를 대폭 축소했다. 인권위 소속 공무원의 수를 21퍼센트나 한꺼번에 감원해버린 것이다.

인권위의 결정 내용들이 실재하는 국가 기관이 실현하기에 너무 이상적이고 비현실적이어서는 안 된다는 주장에는 문제가 많다. 이러한 주장은 인권위가 원래 인권 보장의 이상을 향해 앞서 나가는 기관, 그러면서 그러한 이상의 실현을 위해 여러 제도적 개선에 노력을 기울이고 이를 실천하려 애쓰는 기관이라는 점을 간과한 주장이다.

물론 인권위가 한국 사회의 인권 보장 영역을 독점하는 기관은 아니다. 법원과 헌법재판소도 재판을 통한 헌법상의 기본권 보장 기능이 있어 인권 보장 영역에 깊이 관여한다. 인권위 설립은 어떻게 보면 보다 확실한 '인권 보장'을 위해서는 법원과 헌법재판소로는 부족하다는 인식에서 추진되었다. 인권 보장 기관의 역할을 인권 옹호자로서의 역할과 심판자로서의 역할로 나누어 볼 수 있다. 이때 법원은 옹호자 및 정책의 색채를 최대한 없앰으로써 기성 법질서의 정의를 옹호한다. 하지만 인권위는 반대로 옹호자의 색채, 정책의 색채를 최대한 드러내어 다가올 법질서의 정의를 옹호하는 기관이다. 인권위가 법원 등의 다른 인권 보장 기관보다 더 강한 인권 선도성을 가지는 선도적 기관이어야 하는 이유가 바로 여기에 있다. 인권위와 법원은 서로 다른 관점과 역할을 가지고 '인권 보장'이라는 공통의 목표를 향해 나아가는 이중, 삼중의 중첩적 인권 보장 기관이 될 수 있고, 또 되어야 한다. 그리고 사법부와 인권위는 중첩적 인권 보장 기관으로서 서로 국민의 인권 보장을 놓고 선의의 경쟁을 벌이는 경쟁 기관이 될 때 국민을 위해 바람직한 것이다.

국가인권위원회는 다른 '국가 기관'이 아니라 '한국 사회'를 향해, '기존 법 조항'이 아니라 '인권'을, '명령'하는 것이 아니라 집요하고 일관성 있게 '권고'하는 기관이어야 한다. 그래서 우리 사회의 인권 의식 자체를 변화시켜 국가 기관이 변화된 사회가 가하는 압력에 의해 스스로 인권 침해적 행동을 하지 못하게 해야

국가인권위원회 설립 5주년 기념식. 국가인권위원회 자료 사진

한다. 이것은 인권위만이 할 수 있는 일이기도 하다.

　인권위의 결정은 시정 권고에서 볼 수 있듯 권고적 효력만을 가지는 것이 특징이다. 인권위의 결정이 이렇듯 권고적 효력만 가질 때, 그 결정에 이르는 과정의 논리에 교육적 호소력과 도덕적 설득력만 있으면 타당성이 성립된다. 또한, 권고적 효력으로 인해 처분성이 부인되면 사법 심사의 대상이 되지 않기 때문에 인권위는 필요하면 언제든지 법원의 판례에 얽매이지 않고 전향적 결정을 내릴 수 있다. 따라서 인권위의 결정에 지금처럼 계속 권고적 효력만 인정하여, 다양하고 전향적인 결정을 통해 법원이나 헌법재판소의 결정을 이끌어나가는 역할을 맡기는 것이 바람직해 보인다.

　국가인권위원회는 비록 헌법에 직접 기관의 명칭이 규정되어 있지는 않지만, 헌법과 국가인권위원회법에 의해 설치된 국가 기관으로서 일종의 '준헌법 기관'으로 보아야 한다. 인권위가 헌법에 의해 설치된 기관이라는 헌법적 근거는 바로 우리 헌법 제10조 제2문이다. "국가는 개인이 가지는 불가침의 기본적 인권을 확인하고 이를 보장할 의무를 진다"는 국가의 기본권 확인 및 보장 의무 규정이 그것이다. 이 규정에 근거해 국가는 기본권 확인 및 보장 의무를 부담하게 되었고, 이러한 의무를 선도적으로 수행할 독립 기관으로서 인권위가 탄생했다. 또한 인권위는 헌법과 국가인권위원회법에 근거해 설치된 '무소속의 독립 기관'이다. 국민의 인권 침해는 정작 많은 경우 국가 기관에 의해 발생하기 때문에, 법은 인권위를 입법부, 사법부, 행정부 어디에도 속하지 않는 무소속의 기관으로 만들었다. 인권위의 고유한 역할은 국가 기관 내에서 '인권'의 이름으로 문제를 제기하는 것이다. 인권위는 권력을 가지려 하기보다는 항상 국민들에 대한 배려에 열심이어야 한다. 그래야만 인권위가 진정 국민 인권 보호와 인권 신장의 파수꾼으로 자리매김할 수 있기 때문이다.

법은 약자와 소수자의 인권 보호를 위해 존재한다

이상에서 우리는 '법과 인권'의 문제와 관련해, 첫째, 인권이란 어떤 것이며 이러한 인권을 잘 보장하기 위해 헌법이나 법이 어떻게 형성되고 운영되어왔는지, 둘째, 특히 주요 인권 중 하나인 평등권과 관련해 차별의 역사 속에서 헌법과 법률은 어떤 역할을 했는지, 셋째, 고전적 인권에서 현대적 인권으로 이어지는 전체 인권의 역사에서 법은 어떤 기능을 수행해왔는지, 넷째, 약자와 소수자란 누구를 말하며 이들 집단의 인권이 왜 중요한지, 다섯째, 공익을 위해 부득이한 경우에는 개인의 인권을 필요 최소한으로 제한할 수 있다면 그 제한의 한계는 무엇인지, 여섯째, 인권이 다른 인권과 충돌할 경우에는 어떤 인권을 우선해야 하는지, 일곱째, 국가인권위원회가 국민 인권을 보호하고 신장하는 인권 파수꾼이 되기 위해 힘써야 할 점은 무엇인지 등에 대해 살펴보았다. 이러한 과정을 통해 우리는 최고 법인 헌법을 비롯한 여러 법들이 궁극적으로는 국민의 인권 보장을 극대화하기 위해 존재하는 것임을 알 수 있었다. 또한 국민 중에서도 특히 약자와 소수자의 인권이 중요하고 법이 이들의 인권 보호와 인권 신장을 위해 선도적 역할을 해야 한다는 사실도 알 수 있었다.

이 책의 첫머리에서 나는 '법이 과연 강자의 이익인가'라는 문제가 법 공부를 직업으로 삼은 내 인생에서 중요한 화두였음을 고백했다. 그리고 이 책에서 나눈 여러분과의 대화를 통해 이러한 화두에 대한 고민이 스스로 해결되었다고도 암시했다. 그렇다. 법은 국민이 주인인 민주국가에서 '강자의 이익 관철 도구'가 아니라 반대로 '약자와 소수자의 인권 보호와 신장을 위한 수단'인 것이고 꼭 그렇게 되어야 한다.

나는 우리 대한민국의 '법과 인권'의 미래가 밝고 희망적이라고 생각한다. 인권의 측면에서 앞으로 잠시 큰 전진을 위한 후퇴도 있을 것이다. 그러나 인류의 역사가 말해주듯이 법과 인권의 상호작용을 통해 인권 보장이 확대되고 발전하는 것은 거스를 수 없는 역사의 흐름이기에 우리나라에서도 이 흐름은 계속 이어질 것이다. 물론 인권 보장의 확대와 발전을 위해서는 국민이 늘 깨어 있어야 한다. 자신의 인권은 자기 스스로 지켜나가야 한다는 생각을 가지고 정의롭지 못한 인권 침해에 대해서는 적극적으로 문제를 제기하고 과감히 투쟁해나가야 한다. '권리 위에 잠자는 자'에게는 '권리'가 저절로 주어지지 않기 때문이다.

더 읽어볼 만한 책

 프리먼, 마이클, 《인권 : 이론과 실천》, 김철효 옮김(아르케, 2005)

인권의 개념, 인권의 발달사, 새로운 인권 이론의 전개에 대해 상세히 다룬 책이다. 원제가 '인권 : 학제 간 접근Human Rights : An Interdisciplinary Approach'이라는 데에서 알 수 있듯이, 특히 여러 사회과학 학문 분야에서 인권 이론이 어떻게 전개되고 발전해왔는지를 면밀히 살피고 있다.

 박경태, 《인권과 소수자 이야기 : 우리가 되지 못하는 사람들》(책세상, 2007)

이 책은 화교, 혼혈인, 이주 노동자 등의 인종적·민족적 소수자를 비롯해 여성, 장애인, 노인 등의 전통적 소수자, 양심적 병역 거부자나 성적 소수자 등에 이르기까지 한국 사회의 다양한 소수자 집단의 인권 문제를 다루고 있다. 다민족·다문화 사회로 나아가는 이 시대 청소년들을 위해 우리 사회의 소수자 이야기를 풀어내면서 더불어 살아가는 사회를 위한 제안을 내놓고 있는 점도 흥미롭다.

 서보혁, 《코리아 인권 : 북한 인권과 한반도 평화》(책세상, 2011)

이 책은 '북한 인권'에 대해 다루면서 북한 인권의 실태나 원인 분석이 아닌 실효적 개선과 대안 제시라는 관점에서 북한 인권 문제에 대해 새롭게 접근하고 있다. 특히 저자는 기존의 북한 인권 정책을 비판적으로 분석하고, 북한 인권이 한반도 차원의 인권으로 신장되게 하기 위해 '코리아 인권'이라는 개념을 내세운다.

 이봉철, 《현대인권사상》(아카넷, 2001)

저자는 전통적 인권사상과 함께 근대를 넘어 현대의 여러 인권사상에 대해 상세하게 잘 설명하고 있다. 특히 현대 세계화 시대의 인권사상과 국제 사회의 인권사상에 대해 풍부한 자료를 바탕으로 깊이 있게 살피고 있는 책이다.

 최현, 《인권》(책세상, 2008)

저자는 오늘날 인권이 보편적 가치가 되었지만 아직까지 당위적인 가치에 머물러 있다는 문제의식에서 출발한다. 그리고 그 이유를 현실에 바탕을 둔 시민권을 통해 인권을 바라보지 않기 때문이라고 진단한다.

그러면서 인권이 행복을 추구하는 인간 모두에게 보장되어야 할 권리들
의 가치를 정당화한다면, 시민권은 그러한 가치를 실현하는 제도라는
점을 강조한다.